NAUFRAGES
CÉLÈBRES

PRÉCIS

DES ACCIDENTS SUR MER LES PLUS EXTRAORDINAIRES

DEPUIS LE XVe SIÈCLE JUSQU'A NOS JOURS

TOURS

ALFRED MAME ET FILS

ÉDITEURS

BIBLIOTHÈQUE

DE LA

JEUNESSE CHRÉTIENNE

APPROUVÉE

PAR Mgr L'ARCHEVÊQUE DE TOURS

3e SÉRIE IN-8o

NAUFRAGES

CÉLÈBRES

PRÉCIS

DES ACCIDENTS SUR MER LES PLUS EXTRAORDINAIRES

DEPUIS LE XVe SIÈCLE JUSQU'A NOS JOURS

NOUVELLE ÉDITION

TOURS

ALFRED MAME ET FILS, ÉDITEURS

M DCCC LXXVII

NAUFRAGES

CÉLÈBRES

I

Naufrage d'Emmanuel Sosa et d'Éléonore Garcie Sala, son épouse, de ses enfants, de plusieurs membres de sa famille, et d'une suite nombreuse, sur les côtes orientales d'Afrique, en 1553. — Autre naufrage, l'année suivante : le vaisseau *le Saint-Benoît*.

Depuis la découverte du nouveau monde, les mers des Indes ont été beaucoup plus fréquentées que celles des régions du Nord, et les navigateurs y ont éprouvé des désastres sans nombre, qui égalent pour le moins les voyages heureux qui y comblèrent leurs espérances. Nous allons commencer par entretenir nos lecteurs d'une de ces scènes tragiques bien propres à émouvoir leur sensibilité, et à leur montrer les vicissitudes de la fortune auxquelles les grands de la terre sont principalement en butte.

Emmanuel Sosa de Sépulvéda, issu d'une des plus anciennes et des plus considérables familles de Portugal, se fit un nom dans les Indes par son courage et par ses belles qualités. Il obtint, vers le milieu du XVIe siècle, le gouvernement de la citadelle de Diu, ville forte des Indes orientales. Ce poste ne se donnait qu'à des officiers d'une bravoure et d'un mérite éprouvés. Il le conserva plusieurs années ; mais, fortement pressé du désir de revoir son pays natal, sentiment qui n'abandonne jamais les âmes bien nées, il s'embarqua au port de Cochin. Le vaisseau qu'il montait était chargé des richesses qu'il avait amassées et de celles des officiers et passagers qui l'accompagnaient. Sosa ramenait avec lui sa femme, Éléonore Garcie, fille de Sala, qui pour lors était général des Portugais dans les Indes ; ses enfants, Sala son beau-frère, avec quelques officiers et gentilshommes. Le nombre des matelots, des domestiques et des esclaves était considérable : tout l'équipage montait à six cents hommes environ.

L'expérience de la mer et des vents a fait reconnaître le mois de janvier comme la saison la plus favorable pour passer des Indes en Europe. Mais Sala fut malheureusement arrêté par quelques opérations à Coulan, petit royaume d'Asie sur la côte de Malabar, et ne put partir qu'en février. Le 13 du mois d'avril, ils découvrirent la côte des Cafres; de là le vaisseau fit voile assez heureusement jusqu'au cap de Bonne-Espérance; mais un vent du nord qui s'éleva alors excita le plus épouvantable ouragan qu'on eût jamais éprouvé sur ces mers. Le ciel s'obscurcit tout à coup; les vagues, soulevées jusqu'aux nues, menaçaient à chaque instant d'engloutir le vaisseau; l'obscurité n'était interrompue que par de continuels éclairs, et par un tonnerre incessant qui portait l'effroi dans les cœurs les plus intrépides. Le pilote et les matelots, désespérant de pouvoir résister à la fureur des vagues, délibérèrent s'ils abattraient les antennes (petites vergues qui portent les voiles latines), et s'ils attendraient en mer que la tempête fût passée; mais, épouvantés du redoublement de l'orage, et ne pouvant plus se flatter, à cause de la saison, de doubler le cap, d'un commun accord ils firent voile vers l'Inde.

Ce dessein ne fut pas plus heureux que l'autre, et les vents déchaînés semblaient avoir conspiré la perte de ce misérable vaisseau, déjà fort endommagé; en vain le pilote et les matelots firent leurs efforts pour l'arracher à leur fureur : les côtés, trop fortement battus par les vagues, se déjoignent, et prennent plus d'eau que la pompe n'en peut vider; les marchandises jetées à la mer pour décharger le vaisseau ne diminuent point le danger. Ils étaient, pour ainsi dire, sans espoir, et chaque flot les menaçait de la mort. Mais, après plusieurs jours d'une tempête continuelle, un vent du midi décida de leur sort et les fit échouer. C'était le moindre des maux qui leur pussent arriver.

On jeta l'ancre aussitôt à la portée d'un trait de terre, et des chaloupes, qui étaient leur dernière espérance, furent mises à la mer; Sosa, son épouse et ses enfants, et les principaux de sa suite, ayant pris à la hâte ce qu'ils avaient de plus précieux, se jetèrent dans ces légères embarcations. Le danger les suivit : la violence des flots, soulevés par les vents et pressés par les bords du rivage, élevait des montagnes d'eau capables de les abîmer. Cependant ils gagnèrent la terre avec beaucoup de peine et de périls. Tous ne pouvaient pas se servir des chaloupes; car, après le second ou le troisième trajet, elles furent englouties et brisées sur des rochers cachés sous l'eau; en même temps le câble de l'ancre se rompit, et les personnes qui étaient restées dans le vaisseau n'eurent d'autre moyen de se sauver que de se jeter à la mer pour gagner le rivage. Les uns se saisirent des tonneaux ou des coffres, d'autres se fièrent à leurs forces et à leur habileté comme nageurs : très-peu néanmoins eurent le bonheur d'arriver sans accident au rivage; et ce naufrage coûta la vie à près de trois cents personnes, Portugais ou étrangers. A peine avaient-ils touché la terre, que le vaisseau s'abîma. Cette perte plongea les Portugais dans le plus grand désespoir. Ils auraient pu des débris de leur navire construire une espèce de brigantin, et, quand le temps l'aurait permis, aller chercher quelques secours à Sofala ou à Mozambique; mais cette dernière ressource leur manqua.

Sosa fit faire de grands feux pour sécher ou réchauffer ses gens, qui souffraient infiniment du froid, de la faim et de leurs blessures. Il leur fit distribuer avec économie une petite quantité de farine échappée au naufrage,

1*

mais à demi gâtée par les eaux de la mer. Leur position était cruelle; cette plage ne présentait qu'un sable inculte et des rochers arides. Après bien des recherches, ils découvrirent des sources d'eau douce qui leur furent très-utiles. Bientôt ils commencèrent à se retrancher avec leurs coffres et quelques grosses pierres, afin de pouvoir passer la nuit en sûreté. Sosa n'oublia rien, en cette triste occasion, des devoirs d'un bon citoyen et d'un maître bienfaisant. Il fit rester ses gens dans cet endroit jusqu'à ce qu'ils fussent rétablis des fatigues et des tourmentes de la mer, et tant qu'il eut l'espérance d'y subsister des provisions que les vagues avaient apportées du vaisseau. Il fallut néanmoins songer à la retraite, et l'on délibéra sur la route qu'on prendrait; tous furent d'avis de suivre la côte jusqu'à ce qu'on eût trouvé un fleuve appelé le Saint-Esprit, où les Portugais de Sofala et de Mozambique faisaient un grand négoce. Ce fleuve était éloigné de leur poste d'environ sept cent vingt kilomètres. Sosa, après la résolution prise, rassure sa troupe, et par ses paroles et par sa contenance assurée les exhorte à ne point perdre courage. « Il faut, leur dit-il, avant de s'exposer à la mer, être résolu à supporter la faim, la soif, les pertes et toutes sortes d'incommodités. » Il ajouta que, dans cette disgrâce, il fallait moins regarder ce qu'ils avaient perdu que ce qu'ils avaient sauvé; car la perte de leurs biens ne pouvait être aussi grande que celle de leur vie; qu'il n'avait qu'un avis à leur donner, celui de ne songer à aucun bien particulier; que leurs intérêts privés devaient être oubliés pour l'intérêt de tous. Il finit par une prière que la tendresse lui suggéra en faveur de son épouse et de ses enfants, et il supplia ses compagnons d'infortune d'avoir quelque égard, dans cette circonstance, pour le sexe de l'une et l'âge tendre des autres. Tous lui répondirent qu'il était juste que les forts vinssent au secours des faibles, et qu'il pouvait les conduire où bon lui semblerait, qu'ils le suivraient partout et ne se soustrairaient jamais à son obéissance.

Aussitôt ils se mirent en marche. Cette espèce de caravane se trouvait composée de Sosa, d'Éléonore, son épouse, femme très-courageuse; de leurs enfants, encore incapables de connaître le danger de leur situation; d'André Vasar, maître du vaisseau, et de quatre-vingts Portugais. Cette première troupe était suivie d'environ cent valets qui portaient tour à tour les enfants sur leur dos, et la mère dans une espèce de chaise; ensuite venaient des matelots et des servantes; enfin Sala, son beau-frère, quelques Portugais et des esclaves fermaient la marche.

Après plusieurs journées de route par des passages très-dangereux, ils se trouvèrent arrêtés par des rochers inaccessibles et des torrents grossis par les pluies de la saison. Tout en cherchant à trouver les chemins les moins difficiles, ils firent plus de quatre cents kilomètres au lieu de cent vingt qu'il leur restait à faire en côtoyant la mer. Les fruits leur manquèrent, et ils furent contraints de se nourrir de fruits sauvages, et même des herbes dont se repaissent les animaux de ces cantons.

Après quatre mois de marche, ils arrivèrent enfin au fleuve du Saint-Esprit, mais sans le reconnaître; car il y a dans ce pays trois bras différents qui se rejoignent avant de se jeter dans la mer. Leurs doutes furent dissipés par le roi du lieu, qui se trouva d'autant mieux intentionné pour les Portugais, qu'il avait quelque temps auparavant négocié fort paisiblement avec des chefs de cette nation. Ce prince reçut obligeamment don Sosa et les siens, et leur donna à entendre que le roi son voisin était un homme fourbe et avide, dont ils avaient tout à redouter. Le désir de regagner promptement une contrée habitée par des Européens leur ferma les yeux sur les malheurs qu'on leur prédisait; mais ils eurent bientôt lieu de se repentir d'avoir passé le second bras du fleuve.

Dès le lendemain ils aperçurent deux cents Cafres qui venaient droit à eux. Quoique épuisés de faiblesse, ils apprêtèrent leurs armes et se disposèrent au combat; mais voyant les Cafres approcher paisiblement, et leur témoigner plus d'envie de les reconnaître que de leur nuire, ils se rassurèrent et tâchèrent d'en obtenir des vivres pour de l'argent ou en échange de quelques ferrements, dont cette nation est très-avide. La confiance semblait s'établir entre eux; les besoins des Portugais favorisaient leur bonne opinion à l'égard de ce peuple, mais l'occasion de dépouiller ces étrangers de tout ce qu'ils possédaient parut trop favorable à ces barbares pour la manquer; et, afin d'exécuter plus facilement leur dessein perfide, ils firent comprendre aux Portugais que, s'ils voulaient venir jusqu'à l'habitation de leur roi, ils seraient fort bien reçus. Leur extrême lassitude et la joie d'avoir trouvé le fleuve qu'ils cherchaient; un motif plus puissant encore, la disette des vivres, leur firent accepter la proposition des Cafres. Ils les suivirent donc vers la demeure de leur chef; mais celui-ci leur fit dire de s'arrêter dans un lieu couvert d'arbres qui se trouvait sur la route. Ils y restèrent plusieurs jours, pendant lesquels ils purent acheter quelques aliments grossiers avec divers effets qu'ils avaient sauvés du vaisseau. Trompé par l'air de sincérité de ce peuple, don Sosa crut qu'il pouvait attendre dans cet endroit l'arrivée de plusieurs marchands de Sofala, et fit demander au roi la permission de s'y fixer et d'y construire quelques cabanes pour lui, sa femme et toute sa troupe, que tant de courses et de fatigues avaient diminuée.

Le roi, plus rusé et plus fourbe qu'on n'aurait dû le soupçonner, fit dire à Sosa que deux circonstances avaient retardé l'accueil favorable qu'il voulait leur faire : la première, la cherté et la rareté des vivres; la seconde, la peur que ses sujets avaient eue de leurs épées et de leurs autres armes; que si cependant ils voulaient les lui remettre pour sûreté d'un séjour paisible et exempt de trouble, il consentirait à sa demande.

L'espoir de trouver un terme à leurs fatigues et à leurs maux détermina les Portugais à accepter ces conditions, que la prudence devait les porter à refuser. En vain Éléonore rappela à Sosa les impressions défavorables que le premier roi leur avait données de celui-ci; il éluda les prières et les avertissements de sa femme, et s'abandonna par une funeste crédulité aux offres artificieuses de ce prince. Le reste de la troupe suivit l'exemple du capitaine, et les armes furent délivrées au roi perfide. Ils ne tardèrent pas à s'en repentir; car aussitôt les Cafres s'emparèrent des trésors que les naufragés avaient apportés avec tant de fatigues, et les dépouillèrent même de tous leurs vêtements. Honteuse de se voir exposée ainsi à la vue de ces infâmes voleurs et de ses propres domestiques, Éléonore Sosa se jeta dans un fossé qui se trouvait à quelques pas, et s'enterra, pour ainsi dire, dans le sable, résolue de n'en point sortir. Accablée de fatigue et de douleur, elle ne put s'empêcher de dire aux Portugais qui ne voulaient pas la quitter : « Hélas! mes amis, voilà les fruits de votre imprudente confiance. Allez, je n'ai plus besoin de rien; ne songez maintenant qu'à vous; et si le Ciel vous permet de revoir votre patrie, ne manquez point de raconter à ceux qui daigneront se souvenir de l'infortunée Éléonore et de son mari, que nos péchés ont attiré sur nous la colère du Ciel, et nous ont précipités dans un abîme de maux. » Suffoquée alors par les sanglots, la voix lui manqua; mais elle jetait de tendres regards sur ses jeunes enfants et sur son mari au désespoir. Celui-ci, consterné de son imprudence et de ses suites funestes, était immobile. Déjà les Cafres s'étaient retirés avec tout leur butin; les compagnons du malheureux Sosa s'étaient dispersés pour éviter la mort dont ils étaient menacés, et il ne s'en apercevait pas. Enfin le sentiment de la douleur sembla se réveiller en lui, et il courut de tous côtés pour voir s'il ne rencontrerait pas quelques fruits avec lesquels il pût prolonger l'existence de sa femme et de ses misérables enfants; mais, nu et sans armes, que pouvait trouver Sosa dans un pays ravagé par des barbares et brûlé par le soleil? Il revenait souvent accablé de fatigue sans que ses longues recherches eussent eu le moindre succès; et à son dernier retour il trouva sa femme et ses enfants morts de faim et de soif. Il eut le courage de leur donner la sépulture. Aussitôt, fuyant ce lieu d'horreur, il s'enfonça dans les déserts, où sans doute il mourut;

car on n'en eut plus de nouvelles. S'il ne perdit pas la vie dans l'excès des besoins, on peut présumer qu'il fut dévoré par quelque bête féroce dans ce pays, où elles sont très-nombreuses.

Les déplorables restes de la troupe de Sosa, réduite à vingt-six hommes par les fatigues et les maux qu'elle avait eu à souffrir, furent longtemps errants, et enfin traités comme des esclaves. Ils auraient tous fini leurs jours dans cet état de souffrance et d'humiliation, si un marchand portugais qui était allé de Mozambique dans le pays des Cafres pour y acheter de l'ivoire, ne les eût délivrés moyennant une légère somme par tête. Sala fut du nombre de ceux qui eurent le bonheur de revoir leur patrie : il mourut d'apoplexie à Lisbonne dans un âge fort avancé.

Le désastre de don Sosa excita une grande compassion parmi ses compatriotes, mais ne corrigea point leur imprudence. Dès l'année 1554, cinq vaisseaux sortirent de Cochin pour le Portugal; Fernand Alvare Cabral les commandait. Un seul de ces vaisseaux arriva à Lisbonne après mille dangers. On n'a jamais su ce que devinrent les autres, excepté celui qu'on appelait *le Saint-Benoît*. Ce vaisseau était si chargé, que les matelots ne pouvaient presque pas travailler à la manœuvre. Une forte tempête l'assaillit au milieu de sa course, et, près du cap de Bonne-Espérance, un terrible coup de vent, l'ayant jeté à terre, le brisa sur la côte aride qu'on appelle la côte de Natal. Deux cents hommes, voulant se sauver à la nage, périrent au milieu des flots. Les malheureux échappé du naufrage éprouvèrent les mêmes disgrâces que la troupe de Sosa; car, ayant suivi leurs traces, ils souffrirent les plus grandes extrémités de la faim et de la soif. Enfin, de trois cents qu'ils étaient, ils furent réduits au nombre de vingt-trois hommes, qui, à demi morts de faiblesse et d'une excessive maigreur, furent faits esclaves. Quelques mois après, des négociants attirés par le commerce dans ce canton les rachetèrent et les conduisirent à Sofala et à Mozambique, où ils arrivèrent après avoir supporté bien des fatigues.

II

Situation déplorable du vaisseau français *le Jacques*, à son retour du Brésil en France, causée par une famine extraordinaire et le mauvais état de ce vaisseau, en 1558.

On a observé avec raison que de tous les fléaux qui peuvent assaillir les navigateurs en mer, aucun n'est plus redoutable que la disette des vivres. Les relations de voyages nous en fournissent plusieurs exemples. Un des plus frappants se trouve dans l'histoire du retour du Brésil en France du vaisseau français *le Jacques*. Jean de Léry en avait été témoin, et faillit en être une des victimes ; il rapporte ces événements avec des circonstances qui font frémir.

En 1555, Nicolas-Durand de Villegagnon, chevalier de Malte et vice-amiral de Bretagne, livré aux opinions des nouveaux sectaires, et aigri sans doute par quelques traverses dans l'exercice de son emploi, conçut le projet de former en Amérique une colonie de protestants. Ce chevalier était brave, entreprenant et homme de tête. Ses desseins furent déguisés à la cour sous la simple vue de faire un établissement français dans le nouveau monde, à l'exemple des Portugais et des Espagnols. Sous ce prétexte, il obtint de Henri II trois vaisseaux bien équipés qu'il fit monter par des calvinistes déclarés ou secrets. Il appareilla du Havre-de-Grâce au mois de mai, et n'arriva au Brésil que dans le cours de novembre suivant.

Villegagnon, étant entré dans une rivière, s'empara d'une petite île, sur laquelle il bâtit un fort qu'il nomma le *fort de Coligny*. L'ouvrage était à peine commencé, qu'il renvoya ses vaisseaux en France avec des lettres où il rendait compte de sa situation à la cour. Il en adressa d'autres à quelques amis qu'il avait à Genève. Ces lettres produisirent l'effet qu'il en attendait. L'église de Genève saisit ardemment l'occasion de s'étendre dans un pays éloigné, où toutes les apparences lui promettaient pour ses partisans une liberté dont ils ne jouissaient point en France. Aussitôt qu'un habile marin nommé Dupont, retiré depuis quelque temps à Genève, où il était fort considéré, se fut rendu aux vives sollicitations de Calvin, et eut consenti à diriger l'expédition du Brésil, la réputation de ce chef détermina beaucoup de particuliers de tous états à entreprendre un tel voyage. Jean de Léry, âgé de vingt-deux ans, fut du nombre des nouveaux Argonautes.

Le 7 mars 1557, la flotte, au nombre de trois vaisseaux de guerre, entra dans l'embouchure du Rio-Janeiro. Les protestants n'y séjournèrent pas longtemps, à cause du changement de principes de Villegagnon, à qui la crainte d'une révolte de la part des calvinistes fit prendre le parti de déclarer qu'il n'en voulait plus souffrir dans son fort; et il les fit tous embarquer sur le *Jacques*, chargé de bois de teinture, de poivre, de coton, de singes, de perroquets et d'autres productions du pays. On mit à la voile pour retourner en France, le 4 janvier 1558. Tout l'équipage montait à quarante-cinq hommes, matelots et passagers, sans y comprendre le capitaine et Martin Baudouin, du Havre, maître du vaisseau.

Léry va prendre la parole, et raconter une suite non interrompue de scènes les plus étranges.

« Nous avions, dit-il, à doubler de grandes baies entremêlées de rochers qui s'étendent d'environ trente lieues. Le vent n'étant pas favorable à nous faire quitter la terre sans la côtoyer, nous fûmes d'abord tentés de rentrer dans l'embouchure du fleuve. Cependant, après avoir navigué sept à huit jours, il arriva pendant la nuit que les matelots qui travaillaient à la pompe ne purent épuiser l'eau. Le contre-maître, surpris d'un accident dont personne ne s'était défié, descendit au fond du vaisseau, et le trouva non-seulement entr'ouvert en plusieurs endroits, mais si plein d'eau, qu'on le sentait peu à peu enfoncer. Tout le monde ayant été réveillé, la consternation fut extrême. Il y avait tant d'apparence qu'on allait couler à fond que la plupart, désespérant de leur salut, se préparèrent à la mort.

« Cependant quelques-uns, du nombre desquels j'étais, prirent la résolution de faire tous leurs efforts pour prolonger leur vie de quelques moments. Un travail infatigable nous fit soutenir le navire avec deux pompes jusqu'à midi, c'est-à-dire près de douze heures, pendant lesquelles l'eau continua d'entrer en si grande abondance, que nous ne pûmes diminuer sa hauteur. Cette eau, passant par les tas de bois de Brésil dont le vaisseau était chargé, sortait par les canaux aussi rouge que du sang de bœuf. Le charpentier, aidé des matelots les plus intelligents, parvint enfin à décourir, sous le tillac, les fentes et les trous les plus dangereux, et à les boucher avec du lard, du plomb et des draps.

« Dans ces circonstances, nous aperçûmes la terre, et, le vent étant favorable pour y aborder, nous prîmes tous la résolution de nous y réfugier; c'était aussi l'opinion du charpentier, qui avait reconnu dans ses recherches que le navire était tout rongé de vers. Mais le maître du bâtiment, craignant d'être abandonné de ses matelots s'il touchait une fois au rivage, aima mieux hasarder sa vie et celle de ses compagnons que ses marchandises, et déclara qu'il était résolu de continuer sa route. Cependant il offrit aux passagers une barque pour retourner au Brésil; à quoi Dupont, que nous n'avions pas cessé de reconnaître pour chef, répondit qu'il voulait aussi tirer vers la France, et qu'il conseillait à tous ses gens de le suivre. Là-dessus le contre-maître observa qu'outre les dangers de la navigation, il prévoyait qu'on serait longtemps sur mer, et que le vaisseau n'était point assez fourni de vivres. Nous fûmes six à qui la double crainte de la famine et du naufrage fit prendre le parti de regagner la terre, dont nous n'étions éloignés que de neuf à dix lieues. On nous donna la barque, que nous chargeâmes de tout ce qui nous appartenait avec un peu de farine et d'eau. Tandis que nous prenions congé de nos amis, un d'entre eux, qui avait une singulière affection pour moi, me dit en tendant la main vers la barque où j'étais déjà : « Mon cher « Léry, je vous conjure de demeurer avec nous. Considérez que, si nous ne pouvons arriver en France, il « y a plus d'espérance de nous sauver, soit du côté du « Pérou, soit dans une île, que sous le pouvoir de « Villegagnon, de qui nous ne devons jamais espérer « aucune faveur. »

« Ces instances firent tant d'impression sur moi, que, les circonstances ne me permettant plus de longs discours, j'abandonnai une partie de mon bagage dans la barque et me hâtai de remonter à bord. Les cinq qui restèrent prirent congé de nous les larmes aux yeux, et retournèrent au Brésil. Je dus des remercîments au Ciel pour m'avoir inspiré de suivre le conseil de mon ami. Nos cinq déserteurs étant arrivés à terre avec beaucoup de difficultés, Villegagnon les reçut si mal, qu'il en fit pendre trois.

« Notre vaisseau remit à la voile comme un vrai cercueil, dans lequel ceux qui s'y trouvaient renfermés s'attendaient moins à vivre jusqu'en France qu'à se voir bientôt ensevelis au fond des flots. Outre la difficulté qu'il eut d'abord de passer les passes, il essuya de continuelles tempêtes pendant tout le mois de janvier, et, ne cessant point de faire beaucoup d'eau, il serait péri cent fois dans un jour, si tout le monde n'eût travaillé sans relâche aux deux pompes.

« Nous nous éloignâmes ainsi du Brésil d'environ deux cents lieues, jusqu'à la vue d'une île inhabitée, aussi ronde qu'une tour, qui n'a pas plus d'une demi-lieue de circuit. En la rasant de fort près à gauche, nous la trouvâmes garnie d'arbres couverts d'une belle verdure, d'un prodigieux nombre d'oiseaux, dont plusieurs sortirent de leur retraite pour se venir percher sur les mâts et les vergues de notre navire, où ils se laissaient prendre à la main. Nous aperçûmes des rochers fort pointus, peu élevés, qui nous firent craindre d'en trouver d'autres à fleur d'eau, dernier malheur qui nous aurait sans doute exemptés pour jamais du travail des pompes : nous en sortîmes heureusement. »

On se trouva, le 3 janvier, à trois degrés de la ligne, c'est-à-dire que depuis près de sept semaines on n'avait pas fait la troisième partie de la route. Comme les vivres diminuaient beaucoup, on proposa de relâcher au cap Saint-Roch, où quelques vieux matelots assuraient qu'on pouvait se procurer des rafraîchissements; mais la plupart se déclarèrent pour le parti de manger les perroquets et les singes que nous apportions en grand nombre en France. Quelques jours après, le pilote, ayant pris hauteur, déclara qu'on se trouvait droit sous la ligne, le même jour où le soleil y était, c'est-à-dire le onzième de mars, singularité si remarquable, suivant Léry, qu'il ne peut croire qu'elle soit arrivée à beaucoup d'autres vaisseaux.

« Nos malheurs, continue-t-il, commencèrent par une querelle entre le contre-maître et le pilote, qui, pour se chagriner mutuellement, affectaient de négliger leurs fonctions. Le 26 mars, tandis que le pilote faisait son quart, toutes nos voiles hautes déployées, un impétueux tourbillon frappa si rudement le vaisseau, qu'il le renversa sur le côté, jusqu'à faire plonger les hunes et le haut des mâts. Les câbles, les cages d'oiseaux et tous les coffres qui n'étaient pas bien amarrés furent renversés dans les flots, et peu s'en fallut que le dessus du bâtiment ne prît la place du dessous. Cependant la diligence qui fut apportée à couper les cordages servit à le redresser par degrés. Le danger, quoique extrême, eut si peu d'effet pour la réconciliation des deux ennemis, qu'un moment après qu'il fut passé, et malgré les efforts qu'on fit pour les apaiser, ils se jetèrent l'un sur l'autre et se battirent avec une égale fureur.

« Ce n'était que le commencement d'une affreuse suite d'infortunes. Peu de jours après, dans une mer calme, le charpentier et d'autres artisans, cherchant le moyen de soulager ceux qui travaillaient aux pompes, remuèrent si malheureusement quelques pièces de bois au fond du vaisseau, qu'il s'en leva une assez grande par où l'eau entra tout à coup avec tant d'impétuosité, que ces misérables ouvriers, forcés de remonter au plus vite sur le tillac, manquèrent d'haleine pour expliquer le danger, et se mirent à crier d'une voix lamentable : « Nous sommes perdus! nous sommes perdus! » Sur quoi le capitaine, le maître et le pilote, ne doutant point de la grandeur du péril, ne pensèrent qu'à mettre la barque dehors en toute diligence. Le pilote, craignant qu'elle ne fût trop chargée par la quantité de ceux qui voulaient s'y placer, y entra armé d'un grand coutelas, et déclara qu'il couperait les bras au premier qui ferait mine d'y entrer. Nous voyant délaissés à la merci de la mer, et nous ressouvenant du premier naufrage dont Dieu nous avait délivrés, autant résolus à la mort qu'à la vie, nous allâmes nous employer de toutes nos forces à tirer l'eau par les pompes, pour empêcher le navire de couler à fond ; nous fîmes tant d'efforts, qu'elle ne nous surmonta point.

« Mais le plus heureux effet de notre résolution fut de nous faire entendre la voix du charpentier, qui, étant un jeune homme de cœur, n'avait pas abandonné le fond du navire comme les autres; au contraire, ayant mis son caban et sa capote sur la grande ouverture qui s'y était faite, et se tenant à deux pieds dessus pour résister à l'eau, laquelle, comme il nous le dit depuis, de sa violence le souleva plusieurs fois, il criait en cet état de toutes ses forces qu'on lui apportât des hardes, des lits et autres choses pour empêcher l'eau d'entrer pendant qu'il boucherait cette terrible voie d'eau; il ne faut pas demander s'il fut servi promptement. Par ce moyen nous fûmes préservés du danger imminent qui nous menaçait.

« On continua de gouverner tantôt à l'est, tantôt à l'ouest, quoique ce ne fût pas notre chemin; car notre pilote, qui n'entendait pas bien son métier, ne sut plus observer sa route; et nous allâmes ainsi, dans l'incertitude, jusqu'au tropique du Cancer, où nous fûmes pendant quinze jours dans une mer herbue. Les herbes qui flottaient sur l'eau étaient si épaisses et si serrées, qu'il fallut les couper avec des cognées pour ouvrir le passage au vaisseau. Un autre accident faillit nous perdre. Notre canonnier, faisant sécher de la poudre dans un pot de fer, le laissa si longtemps sur le feu, qu'il rougit, et la flamme, ayant pris à la poudre, donna si rapidement d'un bout à l'autre du navire, qu'elle mit le feu aux voiles et aux cordages : il s'en fallut peu qu'elle ne s'attachât même au bois, qui, étant goudronné, n'aurait pas manqué de s'allumer promptement et de nous brûler vifs au milieu des eaux. Nous eûmes quatre hommes maltraités par le feu, dont l'un mourut quelques jours après.

« Nous étions au 15 avril; il nous restait environ cinq cents lieues jusqu'aux côtes de France. Nos vivres étaient si diminués, malgré le retranchement qu'on avait déjà fait sur les rations, qu'on prit le parti de nous en retrancher la moitié, et cette rigueur n'empêcha point que vers la fin du mois toutes les provisions ne fussent épuisées. Notre malheur vint de l'ignorance de notre pilote, qui se croyait proche du cap Finistère en Espagne, tandis que nous étions encore à la hauteur des îles Açores, qui en sont à plus de trois cents lieues. Une si cruelle erreur nous réduisit tout d'un coup à la dernière ressource, qui consiste à balayer la salle ou chambre où l'on tient le biscuit. On y trouva plus de vers et de crottes de rats que de miettes de pain. Cependant on en fit le partage avec des cuillers, pour en faire une bouillie noire et dégoûtante; mais tout passe dans la famine. Ceux qui avaient encore des perroquets (car depuis longtemps plusieurs avaient mangé les leurs) les firent servir de nourriture dès le commencement du mois de mai, que tous les vivres ordinaires vinrent à nous manquer.

« L'horreur d'une telle situation fut augmentée par une mer si violente, que faute d'art ou de force pour ménager les voiles, on se vit dans la nécessité de les plier et de lier même le gouvernail; ainsi le vaisseau fut abandonné au gré des vents et des flots ; le gros temps même était l'unique espérance dont nous pussions nous flatter : alors nous avions l'espoir de prendre quelques poissons.

« Aussi tout notre monde était-il d'une faiblesse et d'une maigreur extrêmes; cependant la nécessité nous faisait songer sans cesse au moyen d'apaiser notre faim. Quelques-uns s'avisèrent de couper des pièces de cuir et de les faire fricasser : ce mets ne nous parut point mauvais, ainsi que les fritures de nos souliers découpés par bandes. Mais notre faiblesse et notre faim, toujours renaissante, ne nous empêchaient pas, sous peine de couler à fond, de nous relever alternativement pour travailler à la pompe.

« Environ le 12 mai, notre canonnier mourut de faim. Nous fûmes peu touchés de cette perte ; car, bien loin de penser à nous défendre si l'on nous eût attaqués, nous eussions plutôt souhaité d'être pris par quelque pirate, qui nous eût donné à manger. Mais nous ne vîmes, à notre retour, qu'un seul vaisseau, dont il fut impossible d'approcher.

« Après avoir dévoré tous les cuirs du vaisseau, jusqu'aux couvercles des coffres, nous pensions toucher au dernier moment de notre vie; mais la nécessité fit penser à quelqu'un de faire la chasse aux rats et aux souris ; et nous espérâmes de les prendre d'autant plus facilement, que ces petits animaux, n'ayant plus les miettes et autres choses à ronger, couraient en grand nombre, mourant de faim dans le vaisseau. On les poursuivit avec tant de soin et de piéges, qu'il en demeura fort peu. La nuit même nous les cherchions, à l'exemple des chats, qui depuis longtemps n'existaient plus parmi nous. Un rat était plus estimé qu'un bœuf sur terre ; le prix en monta jusqu'à quatre écus. On les fit bouillir dans l'eau avec tous les intestins, qu'on dévorait comme le corps : les pattes n'étaient pas exceptées ni les autres os, qu'on trouvait le moyen d'amollir.

« L'eau douce nous manqua aussi : il ne resta pour tout breuvage qu'un petit tonneau de cidre, que le capitaine et les maîtres d'équipage ménageaient avec le plus grand soin. S'il tombait de la pluie, on étendait des draps avec un boulet au milieu pour la faire distiller. On retenait jusqu'à celle qui s'écoulait par les égouts du vaisseau, quoique plus trouble que celle des rues. On lit dans Jean de Léon, que les marchands qui traversent les déserts d'Afrique se trouvant réduits à la même disette que nous, n'ont qu'un seul moyen de résister à la soif, c'est de tuer un de leurs chameaux et de recueillir l'eau rassemblée dans son estomac; ils la partagent entre eux. Ce qu'il dit ensuite d'un riche négociant qui, traversant un de ces déserts et pressé d'une soif extrême, acheta une tasse d'eau d'un chamelier qui était avec lui la somme de dix mille ducats, montre combien la soif est un besoin impérieux. « Cependant, ajoute le même « historien, et le marchand et celui qui lui avait vendu « si cher un verre d'eau, moururent également de soif; « et l'on voit encore leur sépulture dans un désert, où le « récit de leur triste aventure est gravé sur une grosse « pierre. »

« Pour nous l'extrémité fut telle, qu'il ne nous resta plus que du bois du Brésil, plus sec que tout autre bois, que plusieurs néanmoins, dans leur désespoir, grugeaient entre leurs dents. Dupont, notre conducteur, en tenant un jour un morceau dans la bouche, me dit avec un grand soupir : « Hélas! Léry, mon ami, il m'est dû en France une somme de quatre mille francs, dont plût à Dieu qu'ayant fait une bonne quittance, je tinsse maintenant un pain de quatre livres et quelques verres de vin. »

« L'horrible situation où nous étions plongés influe singulièrement sur le caractère et rend cruelles les personnes les plus douces, ainsi que nos lecteurs doivent s'en douter. N'est-il pas des mères qui, dans un siége, ont mangé leurs propres enfants? Des soldats réduits à la même extrémité se jetèrent sur les corps de leurs ennemis, et ont fait depuis l'aveu que, si leur situation eût continué, ils étaient résolus de se jeter sur leur camarades.

« Enfin, Dieu, daignant venir à notre secours et nous conduire, fit la grâce à tant de misérables étendus presque sans mouvement sur le tillac d'arriver le 24 mai 1558 à la vue des terres de Bretagne. Nous avions été trompés tant de fois par le pilote, qu'à peine pûmes-nous prendre confiance en ceux qui nous annoncèrent notre bonheur. Cependant nous fûmes bientôt certains que nous avions notre patrie devant les yeux. Après que nous eûmes remercié le Ciel, le maître du navire nous avoua publiquement que si notre situation eût seulement duré un jour de plus, il avait pris la résolution, non pas de nous faire tirer au sort, comme il arriva quatre à cinq ans après dans un navire qui revenait de la Floride, où la famine fit tuer un malheureux de l'équipage; mais, sans avertir personne, d'égorger un d'entre nous pour le faire servir de nourriture aux autres. Nous nous traînâmes à Nantes, où nous eûmes beaucoup de peine à arriver. »

Léry ne nous apprend point quelle fut sa retraite en sortant de cette ville. D'autres circonstances ont pu faire juger qu'il prit le parti de retourner à Genève. Mais il ne laisse point sans éclaircissements la suite de ce qu'il a déjà dit de l'établissement des Français au fort Coligny. Villegagnon, surnommé justement, dit-il, le Caïn de l'Amérique, abandonna cette place, et par sa faute elle tomba ensuite, avec l'artillerie marquée aux armes de France, au pouvoir des Portugais. Il revint en France, où il ne cessa point de faire la guerre aux sectateurs de Calvin, et mourut au mois de décembre 1571, dans une commanderie de l'ordre de Malte, en Gâtinais, près de Saint-Jean-de-Nemours.

III

Le vaisseau portugais *le Saint-Jacques,* monté par l'amiral Fernando Mendoza, se brise sur les écueils appelés le *Baixos de Juda*, à soixante-dix lieues des côtes orientales de l'Afrique, en 1586.

Les Portugais soutenaient encore, vers la fin du seizième siècle, la réputation qu'ils s'étaient acquise dans les Indes par leurs conquêtes et un courage à toute épreuve. Leur prospérité était cependant interrompue par des revers et des infortunes que l'on attribua quelquefois à l'opiniâtreté ou à l'ignorance des capitaines de vaisseau de cette nation.

Au mois de mai 1586, on reçut à Goa la confirmation de la nouvelle du naufrage du vaisseau amiral *le Saint-Jacques*. Le détail portait qu'après avoir doublé le cap de Bonne-Espérance, le capitaine, estimant n'avoir rien à craindre, ni écueils ni dangers, laissait voguer le vaisseau à pleine voiles sans observer sa carte, ou du moins sans y apporter une grande attention. Le vent favorable lui fit faire en peu de temps beaucoup de chemin, et le poussa hors de sa route vers les rochers ou écueils appelés *Baixos de Juida,* distants de deux cents kilomètres de l'île Saint-Laurent ou Madagascar, et de deux cent quatre-vingts kilomètres de la côte de Terre-Ferme, vis-à-vis de Sofala, à trois cent soixante kilomètres de Mozambique. Ces rochers sont pour la plupart de pierre aiguë, noire, verte et blanche.

Le voisinage de ces écueils et le risque de s'y briser firent ouvrir les yeux à quelques-uns des passagers qui avaient voyagé plusieurs fois dans ces mers. Ils remontrèrent au capitaine qu'ils étaient au milieu des écueils et qu'il était dangereux de laisser aller le vaisseau avec toutes ses voiles, surtout pendant la nuit, et dans une saison où les tempêtes étaient très-fréquentes. Le capitaine méprisa ces représentations, et, usant de son autorité, ordonna aux pilotes de faire ce qu'il leur commandait, que l'ordre du roi portait qu'on eût à lui obéir, et que son avis devait prévaloir. Enfin le même jour, entre onze heures et minuit, le vaisseau fut jeté vers ces écueils, et y fut arrêté sans pouvoir être dégagé. Alors on entendit de toutes parts les cris plaintifs et confus d'une multitude composée de cinq cents hommes, de quelques moines ou jésuites, et de trente femmes, qui, ne voyant que la mort devant les yeux, se lamentaient d'une manière déchirante. La manœuvre et tous les efforts furent inutiles. L'amiral Fernando Mendoza, le capitaine et le premier pilote, avec dix ou douze personnes, se jetèrent aussitôt dans l'esquif l'épée à la main, en s'écriant qu'ils allaient chercher sur les écueils un endroit propre à recevoir les naufragés et les débris du navire; qu'ensuite on construirait un bateau suffisant pour contenir tout l'équipage et gagner la terre ferme. Ces quinze échappés abordèrent effectivement; mais, après avoir cherché en vain un endroit convenable pour l'exécution de ce projet, ils ne jugèrent point à propos de retourner au navire ni de naviguer vers le continent. Quelques vivres qui avaient été jetés à la hâte dans l'esquif furent distribués entre eux; ils dirigèrent leur route vers l'Afrique, et y touchèrent heureusement au bout de dix-sept jours, après avoir éprouvé toutes les horreurs de la disette et d'une tempête affreuse.

Ceux qui étaient restés sur le vaisseau, ne voyant point revenir l'esquif, commencèrent à désespérer de leur salut. Pour comble de malheur, le vaisseau se fracassa entre les deux tillacs, et le grand esquif fut endommagé par les chocs redoublés que lui occasionnait la violence des vagues. Les ouvriers, quoique très-experts, désespéraient de pouvoir le mettre en état de servir, lorsqu'un Italien nommé Cipriano Grimaldi sauta dedans avec quatre-vingt-dix hommes de l'équipage, et se fit fort de le radouber de façon à tenir la mer; il mit aussitôt la main à l'œuvre, secondé par la plupart de ceux qui l'avaient suivi.

Les malheureux qui n'avaient pu se jeter dans l'esquif le voyaient s'éloigner avec larmes et gémissements; plusieurs, qui savaient nager, se lancèrent à la mer pour le gagner à la nage. Déjà quelques-uns s'y accrochaient pour y entrer, lorsque les premiers, craignant de le voir couler à fond par le nombre de ceux qui se présentaient, les repoussèrent dans les flots, et de leurs sabres et haches coupaient sans pitié les mains de ceux qui ne voulaient pas lâcher prise. On ne peut exprimer la désolation de ceux qui étaient restés sur les débris flottants; témoins de cette scène barbare et se voyant sans ressource, leurs cris et leurs lamentations auraient touché le cœur le plus insensible. La condition de ceux qui étaient dans l'esquif n'était pas meilleure : leur grand nombre, la disette des vivres, l'éloignement de la terre ferme, et le mauvais état du frêle bâtiment qui les contenait, leur faisaient entrevoir l'avenir le plus triste. Cependant quelques-uns des plus résolus, pour éviter le trouble et la division qui auraient mis le comble à leurs maux, ouvrirent l'avis de se soumettre à un capitaine. Tous les autres y consentirent, et élurent aussitôt, pour les commander avec un pouvoir absolu, un noble métis des Indes. Dès l'instant, celui-ci usa tyranniquement de son autorité. Il fit jeter à la mer les plus faibles, qu'il se contenta de désigner du doigt. Dans le nombre se trouva un charpentier qui avait aidé à radouber l'esquif; il ne demanda pour toute grâce qu'un peu de vin et des confitures, et se laissa jeter à la mer sans proférer un seul mot. Un autre proscrit fut sauvé par un mouvement généreux d'amitié fraternelle. Déjà on se saisissait de sa personne pour lui faire subir son malheureux sort, lorsque son frère, plus jeune que lui, demanda un sursis. Il fit observer que son frère était habile dans sa profession, que son père et sa mère étaient très-âgés, et que ses sœurs n'étaient pas établies; que lui, qu'ils préféraient, ne pouvait leur être utile comme son frère, et que, puisque la circonstance exigeait qu'un des deux fût victime, il se dévouait à la mort. Sa demande lui fut accordée; mais la Providence vint à son secours. Ce jeune homme courageux suivit constamment l'esquif, pendant plus de six heures, faisant continuellement des efforts pour l'aborder tantôt d'un côté, tantôt de l'autre; ceux qui l'avaient jeté à la mer lui présentaient la pointe de leurs épées pour l'éloigner. Mais ce qui devait accélérer sa perte fut son salut; ce jeune homme s'élance sur une épée, la saisit par le tranchant, sans céder à la douleur ni aux mouvements qu'on faisait pour la lui faire abandonner. Les autres admirèrent sa résolution, et, touchés de ce que l'amour fraternel lui avait fait faire, ils résolurent d'un commun accord de le laisser rentrer dans l'esquif.

Enfin, après avoir essuyé la faim, la soif et tous les dangers de plusieurs tempêtes, ils abordèrent à la côte d'Afrique, le vingtième jour de leur naufrage, et se réunirent à ceux qui s'étaient échappés sur le premier esquif.

Le reste de l'équipage et des passagers, abandonnés sur les débris du vaisseau, tenta de gagner aussi la terre ferme : ils rassemblèrent et joignirent ensemble les fragments de cette carcasse délabrée; ils en formèrent une espèce de radeau que les Portugais nomment *jugadas;* mais ils travaillèrent en vain. Ils périrent tous à la première tourmente, à l'exception de deux qui parvinrent à terre. Ceux qui avaient gagné les côtes d'Afrique ne se virent point à la fin de leurs malheurs; à peine étaient-ils débarqués, qu'ils tombèrent entre les mains des Cafres, nation farouche et sans humanité, qui les dépouilla et les laissa dans l'état le plus déplorable. Cependant, ayant ranimé leur courage et le peu de force qui leur restait, ils arrivèrent au lieu où le facteur des Portugais de Sofala et de Mozambique faisait sa résidence. Ils en furent accueillis très-humainement. Après s'y être reposés quelques jours de leurs fatigues, ils gagnèrent Mozambique et ensuite les Indes. Soixante seulement échappèrent de tous ceux qui s'étaient embarqués sur *le Saint-Jacques ;* les autres périrent en mer, ou de fatigue ou de faim. Ainsi l'imprudence d'un seul homme fut la cause de la perte d'un vaisseau considérable et de plus de quatre cent cinquante personnes.

Au retour du capitaine en Europe, les plaintes des veuves et des orphelins éclatèrent contre lui : il fut arrêté et mis en prison ; mais il fut relâché quelque temps après. Ce funeste événement ne servit point de leçon à cet homme vain et opiniâtre ; son caractère était indomptable. Il entreprit de conduire un autre vaisseau en 1588, et peu s'en fallut que, sous le même degré, il n'essuyât un pareil naufrage : heureusement qu'au lever du soleil il découvrit les écueils dans lesquels il allait s'engager aussi imprudemment que la première fois. Mais à son retour des Indes en Portugal, en doublant le cap de Bonne-Espérance, il périt avec le vaisseau qu'il montait : juste châtiment de son orgueil et de son imprudence. Malheureusement une centaine d'hommes innocents furent enveloppés dans son désastre.

IV

Naufrage du navire anglais *l'Ascension*, sur la côte de Cambaye, dans la mer des Indes.

Le 19 août 1609, le vaisseau anglais *l'Ascension* faisait voile, par un vent favorable, pour Cambaye, à la sortie du canal de Moa, dans la mer des Indes. Le vaisseau, qui portait sur plus de vingt-cinq brasses, se trouva tout d'un coup sur dix, sur sept, et enfin, à l'entrée de la nuit, sur cinq. Quelques matelots, effrayés, demandèrent au pilote à quoi il pensait; celui-ci demanda fièrement qui osait dire que le bâtiment fût en danger. A peine eut-il fait cette arrogante réponse, que le vaisseau toucha violemment, et que le gouvernail se brisa et fut emporté. On jeta l'ancre aussitôt, et pendant deux jours on fit les plus exactes perquisitions pour découvrir le dommage et le réparer.

Un témoin oculaire de ce fâcheux événement assure qu'il doit être attribué à la méchanceté du pilote, qui croyait avoir vivement à se plaindre de tout l'équipage de *l'Ascension*.

Tandis qu'on s'occupait à y remédier, non-seulement le vaisseau toucha encore avec violence, mais on s'aperçut sensiblement qu'il commençait à s'enfoncer. Il était six heures du soir, le 2 septembre; bientôt l'eau gagna de toutes parts, sans qu'on pût découvrir quelles étaient les plus dangereuses voies. Le travail des pompes, depuis sept heures jusqu'à onze, ne servit pas même à diminuer le péril. Enfin le capitaine, nommé Sharpey, ne concevant plus d'espérance, exhorta tout l'équipage à s'entre-secourir dans l'usage qu'il restait à faire de la chaloupe et de l'esquif. On avait eu soin de placer sur le tillac environ dix mille livres sterling qui appartenaient aux marchands et à la compagnie des Indes. Le capitaine déclara que chacun pouvait en prendre ce qu'il se croyait capable de porter. On en prit à peu près trois mille : les uns se hâtant d'abord de remplir leurs poches, et rejetant ensuite un poids qui surpassait leurs forces; les autres se contentant d'une modique somme, dans la pensée qu'ils pourraient être obligés de se sauver à la nage; d'autres, enfin, négligèrent tout à fait des richesses qui ne leur paraissaient d'aucune utilité lorsqu'ils avaient la mort devant les yeux. Ils abandonnèrent ainsi le navire sans emporter même aucun aliment. Ce triste départ s'effectua vers minuit. Tout l'équipage trouva place dans la chaloupe ou dans l'esquif. « Ainsi, dit un historien, la témérité et la vengeance d'un seul homme (le pilote) firent perdre à la compagnie des Indes un de ses meilleurs vaisseaux, et aux matelots toute leur espérance. Les marchandises et la plus grande partie de l'argent qui étaient à bord furent abandonnés avec le bâtiment. »

La côte était éloignée de près de quatre-vingts kilomètres à l'est; on vogua tout le reste de la nuit et le jour suivant sans avoir la moindre provision de vivres pour se soutenir. Enfin, vers six heures du soir, on aborda dans une petite île, à l'entrée de la baie qu'on s'efforçait de gagner. Les Anglais se croyaient hors de tout péril, lorsqu'un coup de vent brisa tout d'un coup le mât de la chaloupe qui contenait cinquante-cinq hommes. Cependant ils trouvèrent le moyen d'entrer dans la baie; et, le vent s'étant affaibli, ils gagnèrent heureusement l'embouchure de la rivière. Ils s'étaient persuadé que c'était celle de Surate; mais on reconnut que c'était celle de Gandevi, qui en était éloignée de vingt à vingt-quatre kilomètres vers le sud. Ce qui fut regardé d'abord comme un nouveau sujet d'affliction passa bientôt pour une faveur du Ciel; car les Portugais, avec qui la Grande-Bretagne était en guerre, informés de l'approche du vaisseau, étaient à l'attendre avec cinq frégates à l'entrée de la rivière de Surate : la chaloupe aurait été infailliblement leur proie.

Les habitants de la côte de Gandevi, voyant paraître tant d'étrangers à l'embouchure de leur rivière, battirent le tambour et se mirent sous les armes pour leur défense. Ils craignirent que ce ne fût un détachement de quelque flotte portugaise qui venait piller leur ville. Sharpey soupçonna l'erreur où ils étaient. Il avait avec lui un Guzarate, qu'il leur envoya pour les informer de sa disgrâce et de la nécessité où il était d'implorer leur secours. Ce récit parut les toucher; ils approchèrent des Anglais, et leur accordèrent abondamment tout ce dont ils pouvaient avoir besoin dans leur infortune; ensuite ils les conduisirent à Gandevi, où le gouverneur, qui était de la caste des banians, les reçut avec beaucoup d'humanité, et leur offrit même un établissement dans le canton.

Les Anglais restèrent quelques jours dans cette ville; ensuite ils se rendirent à Surate, d'où le capitaine ou amiral Sharpey revint en Angleterre, et ne débarqua à Douvres que le 13 octobre 1615.

V

Incendie du vaisseau hollandais *la Nouvelle-Hoorn*, près du détroit de la Sonde, dans la mer des Indes orientales, et aventures de Bentékoé, en 1619.

Dans la variété des relations qui forment les recueils de voyages, il en est peu d'aussi intéressantes que celles du voyage de Bentékoé, par l'intelligence et la fermeté qu'il a fait paraître dans les divers événements de sa bonne et de sa mauvaise fortune, et le caractère de vérité qui éclate dans tout son récit.

Guillaume Ibrantz Bentékoé, nommé en 1618, par la compagnie hollandaise des Indes orientales, capitaine du vaisseau *la Nouvelle-Hoorn*, fut envoyé aux Indes pour les intérêts du commerce; son navire était monté par deux cent six hommes d'équipage, et du port de onze cents tonneaux.

Bentékoé partit du Texel le 28 décembre, et dès le 5 janvier, après avoir doublé la pointe d'Angleterre, son vaisseau essuya trois furieux coups de vent qui couvrirent d'eau la moitié du haut-pont. L'équipage en eut tant d'effroi, qu'on entendit crier de toutes parts : « Nous allons couler bas ! » La tempête fut si violente, les éclairs si fréquents, et la pluie si prodigieuse, qu'il semblait que la mer se fût élevée au-dessus de l'atmosphère. Bentékoé, toujours actif, surtout dans le danger, ordonna de puiser l'eau avec des seaux de cuir : tout l'équipage y fut employé; mais les ponts se trouvaient si embarrassés par les coffres, que, dans le roulis continuel du vaisseau, qui les faisait heurter l'un contre l'autre, on ne trouvait pas de place pour le travail. Il fallut mettre en pièces ceux qui apportaient le plus d'obstacle aux ouvriers; on se vit enfin délivré du danger; mais le gros temps dura jusqu'au 19, et ce ne fut que le 20 qu'on profita du calme pour se remettre en état de continuer le voyage.

La Nouvelle-Hoorn éprouva des calmes fort inquiétants, qui l'arrêtèrent trois semaines entières. Aux approches du cap de Bonne-Espérance, le vent d'ouest était si fort, qu'on prit le parti de faire petites voiles sans oser approcher de la côte. La crainte de voir briser son vaisseau détermina Bentékoé à prendre cette précaution. Enfin il passa heureusement ce redoutable cap, sans s'y arrêter, et l'on rangea la terre de Natal avec un fort beau temps. On était à la fin du mois de mai : cinq mois étaient déjà écoulés depuis qu'on avait quitté la Hollande.

Les maladies avaient commencé à se répandre à bord; elles augmentèrent si rapidement, qu'il y avait quarante hommes hors de service. La plupart des autres étaient presque en aussi mauvais état. On tourna vers Madagascar pour se rendre à la baie de Saint-Louis; mais on ne put y trouver de mouillage où le vaisseau fût en sûreté. Bentékoé fit mettre la chaloupe en mer et y entra lui-même, pendant que le vaisseau faisait de petites bordées pour se maintenir. La mer brisait si fort contre le rivage, qu'il était impossible d'en approcher. Cependant on vit paraître des insulaires, et un matelot de la chaloupe se mit à la nage pour aller leur parler. Ils faisaient des signes de la main, et semblaient marquer un lieu propre au débarquement; mais comme on n'était pas sûr de comprendre leurs signes, et qu'ils n'offraient aucun rafraîchissement, il fallut retourner à bord, après une fatigue inutile. Les malades, qui virent revenir Bentékoé les mains vides, en furent consternés. On remit à la voile vers le sud, jusqu'à la hauteur de vingt-neuf degrés, où, changeant de bord, on résolut de relâcher à l'île Maurice ou à l'île Mascarenhas. En effet, ayant gouverné pour passer entre ces deux îles qui ne sont pas éloignées l'une de l'autre, *la Nouvelle-Hoorn* aborda au cap de Mascarenhas; on trouva quarante brasses de profondeur proche de la terre; quoique ce lieu ne parût pas bien sûr, parce qu'on était trop près du rivage, on ne laissa pas que d'y mouiller. Tous les malades soupiraient après la terre; mais les brisants ne leur permettaient pas de s'y transporter. La chaloupe y fut envoyée pour visiter l'île; on y trouva une multitude de tortues. L'empressement des malades en redoubla : ils se promettaient d'être à demi guéris aussitôt qu'ils seraient descendus.

Le marchand du vaisseau, qui se nommait Hein Rol, s'opposait à leur descente, sous prétexte que le vaisseau pouvait dériver, et qu'on courrait risque de perdre ceux qui seraient à terre. Les malades, au nombre de quarante, insistaient néanmoins, les mains jointes, et avec de si vives instances, que Bentékoé en fut touché. Après avoir vainement prié Rol d'y consentir, il se chargea de l'événement; et, passant sur le pont, il cria joyeusement qu'il allait mettre tout le monde à terre. Cette promesse fut reçue avec des transports de joie. Les matelots qui étaient en santé aidèrent aux malades à descendre dans la chaloupe; Bentékoé leur donna une voile pour se dresser une tente, avec des provisions, des ustensiles et un cuisinier; il descendit lui-même pour leur servir de guide.

Les malades furent parfaitement rétablis dans l'espace de vingt jours. On leva l'ancre dans le dessein de relâcher à l'île Maurice; mais, le vaisseau étant descendu trop bas, on manqua l'atterrage. On prit alors la résolution de porter droit sur l'île Sainte-Marie. On y arriva du côté oriental, par huit brasses d'eau où l'on voyait clairement le fond, et l'on mouilla dans l'enfoncement de la côte, sur un fond de treize brasses. Les insulaires, quoique moins accoutumés à la vue des Européens que ceux de Madagascar, apportèrent à bord des poules, des limons, avec un peu de riz, et firent comprendre par leurs signes qu'ils avaient des vaches, des brebis et d'autres provisions. On descendait chaque jour à terre pour faire des échanges avec eux.

Pendant neuf jours que *la Nouvelle-Hoorn* passa dans cette rade, l'équipage reprit toute la vigueur qu'il avait eue en quittant la Hollande : le vaisseau avait été nettoyé jusqu'à la quille, et réparé si soigneusement, que, s'il restait quelque défiance aux Hollandais, ce ne pouvait être du côté de leur bâtiment. Ils remirent à la voile vers le sud, et changèrent de bord pour porter à l'est vers le détroit de la Sonde. Le 19 novembre 1619, ils se voyaient à la hauteur de ce détroit, lorsque Bentékoé, qui était sur le haut-pont, entendit crier : *Au feu! au feu!* Il se hâta de descendre au fond de la cale, où il ne vit aucune apparence de feu. Il demanda où l'on croyait qu'il eût pris. « Capitaine, lui dit-on, c'est dans ce tonneau. » Il y porta la main sans rien sentir de brûlant. Sa terreur ne l'empêcha pas de se faire expliquer la cause d'une si vive alarme. On lui raconta que le maître-valet, étant descendu l'après-midi, suivant l'usage, pour tirer de l'eau-de-vie qui devait être distribuée le lendemain à l'équipage, avait attaché son chandelier de fer à la futaille d'un baril qui était placé un rang plus haut que celui qu'il devait percer; une étincelle, ou plutôt une petite partie de la mèche ardente, était tombée directement dans le trou du bondon; le feu avait pris à l'eau-de-vie du tonneau, et, les deux fonds ayant aussitôt sauté, l'eau-de-vie enflammée avait coulé jusqu'au charbon de forge. Cependant on avait jeté quelques cruches d'eau sur le feu, ce qui le faisait paraître éteint. Bentékoé, un peu rassuré par ce récit, fit verser de l'eau à pleins seaux sur le charbon; et, n'apercevant aucune trace de feu, il remonta tranquillement sur le pont; mais les suites de cet événement devinrent bientôt terribles, ainsi qu'on va en juger par le récit de Bentékoé lui-même.

« Une demi-heure après, dit ce capitaine, quelques-uns de nos gens recommencèrent à crier au feu. J'en fus fort épouvanté, et, descendant aussitôt, je vis la flamme qui montait de l'endroit le plus creux du fond de la cale. L'embrasement était dans le charbon où l'eau-de-vie avait pénétré, et le danger paraissait d'autant plus pressant qu'il y avait trois ou quatre rangs de tonneaux les uns sur les autres. Nous recommençâmes à jeter de l'eau à pleins seaux, et nous en jetâmes une prodigieuse quantité; mais il survint un nouvel incident qui augmenta le trouble : l'eau tombée sur le charbon causa une fumée si épaisse, si sulfureuse et si puante, qu'on étouffait à fond de cale, et qu'il était presque impossible d'y demeurer. J'y étais néanmoins pour y donner les ordres nécessaires, et je faisais sortir les matelots tour à tour, pour leur laisser le temps de se rafraîchir. Je soupçonnais déjà que plusieurs avaient été étouffés sans avoir pu arriver jusqu'aux écoutilles; moi-même j'étais si étourdi et si suffoqué, qu'à peine savais-je ce que je faisais.

« Enfin, me trouvant forcé de sortir, je dis à Rol qu'il me paraissait nécessaire de jeter les poudres à la mer. Il ne put s'y résoudre. « Si nous jetons les poudres, me dit-il, il y a de l'apparence que nous ne devrons plus craindre de périr par le feu ; mais que deviendrons-nous lorsque nous trouverons des ennemis à combattre, et quel moyen de nous défendre? »

« Cependant le feu ne diminuait pas, la puanteur et l'épaisseur de la fumée ne permettaient plus à personne de demeurer à fond de cale. On prit la hache, et, dans un bas-pont, vers l'arrière, on fit de grands trous par lesquels on jeta une grande quantité d'eau, sans cesser d'en jeter en même temps par les écoutilles. Il y avait trois semaines qu'on n'avait mis la grande chaloupe à la mer; on y mit aussi le canot qui était sur le haut-pont, parce qu'il causait de l'embarras à ceux qui puisaient de l'eau. La frayeur était telle qu'on ne peut la représenter. On ne voyait que le feu et l'eau, dont on était également menacé, et de l'un desquels il fallait être dévoré sans aucune espérance de secours, car on n'avait la vue d'aucune terre ni la compagnie d'aucun vaisseau. Les gens de l'équipage commençaient à s'écarter, et, se glissant de tous côtés hors du bord, ils se laissaient tomber dans l'eau, puis nageant vers la chaloupe ou vers le canot, ils y montaient et se cachaient sous les bancs ou sous les couvertures, en attendant qu'ils se trouvassent en assez grand nombre pour s'éloigner ensemble.

« Rol, étant par hasard dans la galerie, fut étonné de voir tant de gens dans la chaloupe et dans le canot : ils lui crièrent qu'ils allaient prendre le large, et l'exhortèrent à descendre avec eux; leur influence et la vue du péril lui firent prendre ce parti. En arrivant à la chaloupe, il leur dit : « Mes amis, il faut attendre le capitaine. » Mais ses ordres et ses représentations n'étaient plus écoutés : aussitôt qu'il fut embarqué, ils coupèrent le cordage et s'éloignèrent du vaisseau.

« Comme j'étais toujours occupé à donner mes ordres, à presser le travail, quelques-uns de ceux qui restaient vinrent me dire avec beaucoup d'épouvante : « Ah! capitaine, qu'allons-nous devenir? la chaloupe et le canot sont à la mer... — Si l'on nous quitte, leur répondis-je, c'est avec le dessein de ne plus revenir. » Courant aussitôt sur le haut-pont, je vis effectivement la manœuvre des fugitifs; les voiles du vaisseau étaient sur mât, et la grande voile était sur ses cargues. Je criai aux matelots : « Hisse vite et déferle; efforçons-nous de les joindre, et s'ils refusent de nous recevoir dans leur chaloupe, nous ferons passer le navire par-dessus eux pour leur apprendre leur devoir. »

« En effet, nous approchâmes d'eux jusqu'à la distance de trois longueurs de vaisseau; mais ils gagnèrent au vent et s'éloignèrent. Je dis alors à ceux qui étaient avec moi : « Amis, vous voyez qu'il ne nous reste plus d'espérance que dans la miséricorde de Dieu et dans nos propres efforts; il faut les redoubler et tâcher d'éteindre le feu. Courez à la soute aux poudres, et jetez-les à la mer avant que le feu y puisse gagner. De mon côté, je pris les charpentiers, et je leur ordonnai de faire promptement des trous avec de grandes gouges et des tarières pour faire entrer l'eau dans le navire jusqu'à la hauteur d'une brasse et demie ; mais ces outils ne purent pénétrer les bordages, parce qu'ils étaient garnis de fer.

« Cet obstacle répandit une consternation qu'il serait difficile d'exprimer : l'air retentissait de gémissements et de cris. On se remit à jeter de l'eau, et l'embrasement parut diminuer ; mais peu de temps après le feu prit aux huiles. Ce fut alors que nous crûmes notre perte inévitable. Plus l'on jetait d'eau, plus l'incendie redoublait de violence. L'huile et la flamme qui en sortait se répandaient de toutes parts. Dans cet affreux état, on poussait des cris et des hurlements si terribles, que mes cheveux se hérissaient et je me sentais couvert d'une sueur froide.

« Cependant le travail continuait avec la même ardeur ; on jetait de l'eau dans le navire et les poudres à la mer. On avait déjà jeté soixante demi-barils de poudre ; mais il en restait encore trois cents ! Le feu y prit et fit sauter le vaisseau, qui dans l'instant fut brisé en mille pièces. Nous y étions encore au nombre de cent dix-neuf. Je me trouvais alors sur le pont, près de l'amure de la grande voile, et j'avais devant les yeux soixante-trois hommes qui puisaient de l'eau ; ils furent emportés avec la vitesse d'un éclair, et disparurent si complétement qu'on n'aurait pu dire ce qu'ils étaient devenus. Tous les autres eurent le même sort. Pour moi, qui m'attendais à périr comme tous mes compagnons, j'étendis les bras et les mains vers le ciel, et je m'écriai : « O Seigneur ! faites-moi miséricorde. » Quoique en me sentant lancé en l'air je crusse que c'était fait de moi, je conservai néanmoins toute la liberté de mon jugement, et je sentis dans mon cœur une étincelle d'espérance. Du milieu des airs je tombai dans l'eau, entre les débris du navire. Dans cette situation, mon courage se ranima si vivement, que je crus devenir un autre homme. En regardant autour de moi, je vis le grand mât à un de mes côtés, et le mât de misaine à l'autre. Je me mis sur le grand, d'où je considérais tous les tristes objets dont j'étais environné.

« Alors je dis en poussant un soupir : « O Dieu! ce beau navire a donc péri de la manière la plus affreuse! »

« Je fus quelque temps sans apercevoir aucun homme : cependant, tandis que je m'abîmais dans mes tristes réflexions, je vis paraître sur l'eau un jeune homme qui sortait du fond des eaux et qui nageait des pieds et des mains. Il saisit l'éperon qui flottait encore sur l'eau, et dit en s'y mettant : « Me voici encore au monde. » J'entendis sa voix, et je m'écriai : « O Dieu! y a-t-il ici quelque autre que moi qui soit en vie? » Ce jeune homme se nommait Hermann Kniphuisen, natif d'Eyder. Je vis flotter près de lui un petit mât. Comme le grand sur lequel j'étais ne cessait de tourner et de rouler, ce qui me causait beaucoup de peine, je dis à Hermann : « Pousse-moi cette épaisse planche, je me mettrai dessus et la ferai flotter vers toi, pour nous y mettre ensemble. » Il fit ce que je lui ordonnais : sans quoi, brisé comme j'étais de mon saut et de ma chute, le dos fracassé, et blessé à deux endroits de la tête, il m'aurait été impossible de le joindre. Ces maux, dont je ne m'étais pas encore aperçu, commencèrent à se faire sentir avec tant de force qu'il me semblait tout d'un coup que je cessai de voir et d'entendre. Nous étions tous deux l'un près de l'autre, chacun tenant au bras une pièce du revers de l'éperon. Nous jetions notre vue de tous côtés, dans l'espérance de découvrir la chaloupe ou le canot. A la fin nous les aperçûmes, mais fort loin de nous. Le soleil était au bas de l'horizon. Je dis au compagnon de mon infortune : « Ami, toute espérance est perdue pour nous; il n'est pas possible que nous nous soutenions la nuit dans cette triste situation : élevons nos cœurs à Dieu, et demandons-lui notre salut avec une résignation entière à sa volonté. » Nous nous mîmes en prière, et nous obtînmes grâce; car à peine achevions-nous d'adresser nos vœux au Ciel, que, levant les yeux, nous vîmes la chaloupe près de nous. Quelle joie pour des malheureux qui se croyaient près de périr! Je criai aussitôt : « Sauve, sauve le capitaine! » Quelques matelots qui m'entendirent se mirent aussitôt à s'écrier : « Le capitaine vit encore! » Ils s'approchèrent; mais ils n'osaient avancer davantage, dans la crainte d'être blessés par les grosses pièces de bois. Hermann, qui n'avait été que peu blessé dans l'explosion du navire, se sentit assez de vigueur pour se mettre à la nage et se rendit dans la chaloupe. Pour moi, je criai : « Si vous voulez me sauver la vie, il faut que vous veniez jusqu'à moi; car j'ai été si maltraité, que je n'ai pas la force de nager. » Le trompette s'étant jeté à la mer avec une ligne de sonde qui se trouva dans la chaloupe, en apporta un bout jusque entre mes mains. Je la fis tourner autour de ma ceinture, et ce secours me fit arriver heureusement à bord. J'y trouvai Rol et le second pilote, nommé Meindert Krins, qui étaient de Hoorn. Ils me regardèrent longtemps avec admiration. J'avais fait faire à l'arrière de la chaloupe une petite chambrette qui pouvait contenir deux hommes, j'y entrai pour prendre un peu de repos; car je me sentais si mal, que je ne croyais pas avoir beaucoup de temps à vivre : je souffrais surtout vivement de deux trous que j'avais à la tête. Cependant je dis à Rol : « Je crois que nous ferions bien de demeurer cette nuit proche des débris; demain, lorsqu'il sera jour, nous pourrons recueillir quelques vivres, et peut-être trouverons-nous une boussole pour nous aider à découvrir la terre. » On s'était sauvé avec tant de précipitation, qu'on était presque sans vivres. A l'égard des boussoles, le premier pilote, qui soupçonnait la plupart des gens de l'équipage de vouloir abandonner le vaisseau, les avait ôtées de l'habitacle, ce qui n'avait pu arrêter l'exécution de leur projet ni l'empêcher luimême de périr.

« Rol, négligeant mes conseils, fit prendre les rames, comme s'il eût été jour; mais, après avoir vogué toute la nuit, dans l'espérance de découvrir la terre au lever du soleil, il se vit bien loin de son attente en reconnaissant qu'il était également loin de la terre et des débris. On vint me demander dans ma retraite si j'étais mort ou vivant. « Capitaine, me dit-on, qu'allons-nous devenir? il ne se présente point de terre, et nous sommes sans vivres, sans carte et sans boussole. — Amis, leur répondis-je, il fallait m'en croire hier au soir lorsque je vous conseillais fortement de ne pas vous éloigner des débris. Je me souviens que, pendant que je flottais sur le mât, j'étais environné de lard, de fromage et d'autres provisions. — Cher capitaine, me dirent-ils affectueusement, sortez de ce réduit et venez nous conduire. — Je ne puis, leur répliquai-je; je suis si perclus, qu'il m'est impossible de remuer. »

« Cependant, avec leur secours, j'allai m'asseoir sur le pont, où je vis l'équipage qui continuait de ramer. Je demandai en quoi consistaient les vivres; on me montra sept à huit livres de biscuit. « Cessez de ramer, leur dis-je, vous vous fatiguez vainement, et vous n'aurez point à manger pour réparer vos forces. » Ils me demandèrent ce qu'il fallait alors qu'ils fissent. Je les exhortai à se dépouiller de leurs chemises pour en fabriquer des voiles. La difficulté était de trouver du fil; je leur fis prendre des paquets de corde qui étaient de rechange dans la chaloupe; ils en firent une espèce de fil de caret, et du reste on fit des écoutes pour diriger les voiles; cet exemple fut suivi dans le canot. On parvint ainsi à coudre toutes les chemises ensemble, et l'on en composa de petites voiles.

« Nous pensâmes ensuite à faire la revue de nos gens : on se trouvait au nombre de quarante-six dans la chaloupe, et de vingt-six dans le canot. Il y avait dans la chaloupe une capote bleue de matelot et un coussin, qui me furent cédés en faveur de ma situation. Le chirurgien était avec nous, mais sans aucun médicament. Il eut recours à un biscuit mâché qu'il mettait sur mes plaies, et par la protection du Ciel ce cataplasme me guérit.

« Le premier jour, nous nous abandonnâmes aux flots, tandis qu'on travaillait aux voiles. Elles furent prêtes le soir; on envergua et l'on mit au vent. On était au 29 novembre; nous prîmes pour guide le cours des étoiles, dont nous connaissions fort bien le lever et le coucher. Pendant la nuit, on était transi de froid, et la chaleur du jour était insupportable, parce que nous avions le soleil perpendiculairement sur nos têtes. Le 21 et les deux jours suivants, nous nous occupâmes à construire une arbalète, pour prendre hauteur; on traça un cadran sur le couvert. Le menuisier du vaisseau avait un compas; je gravai une carte marine sur la planche de l'arbalète, et j'y traçai l'île de Sumatra, celle de Java et le détroit de la Sonde, qui est entre ces deux îles, et tous les jours je fis l'estime.

« Des sept à huit livres de biscuit qui faisaient notre unique provision, je réglai des rations pour chaque jour; et, tant qu'elle dura, je distribuai à chacun la sienne; mais on en vit bientôt la fin, quoique la mesure pour chacun ne fût qu'un petit morceau de la grosseur du doigt. On n'avait aucun breuvage : lorsqu'il tombait de la pluie, on amenait les voiles, qu'on étendait dans l'espace de la chaloupe pour assembler l'eau et la faire couler dans deux petits tonneaux, les seuls qu'on eût emportés; on la tenait en réserve pour les jours qui se passaient sans pluie.

« Cette extrémité n'empêchait point qu'on ne me pressât de prendre abondamment ce qui m'était nécessaire, parce que tout le monde, me disait-on, avait besoin de mon secours, et que, sur un si grand nombre de gens, la diminution serait peu sensible. J'étais bien aise de leur voir pour moi ces sentiments; mais je ne voulus rien prendre de plus que les autres. Le canot refusait de nous suivre; comme nous faisions meilleure route et qu'il n'avait personne qui entendît la navigation, ils étaient presque toujours derrière nous; cependant nous ne pouvions les prendre dans notre bord, parce que c'eût été nous mettre dans le cas de périr tous ensemble.

« Enfin nous arrivâmes bientôt au comble de notre misère : le biscuit nous manqua tout à fait, et nous ne découvrions point de terre. La faim devenait très-pressante, lorsque le Ciel permit qu'une troupe de mouettes vint voltiger sur la chaloupe avec tant de lenteur, qu'elles semblaient chercher à se faire prendre. Elles se baissaient facilement à la portée de nos mains, et chacun en prit aisément quelques-unes. On les pluma aussitôt pour les manger crues : cette chair nous parut délicieuse.

Cependant un si faible repas ne pouvait nous conserver longtemps la vie.

« Nous passâmes encore le reste du jour sans avoir la vue d'aucune terre. Nos gens étaient si consternés que le canot s'étant approché de nous, et ceux qui s'y trouvaient nous conjurant de nouveau de les prendre, on conclut que, puisque la mort était inévitable, il fallait mourir tous ensemble. On les reçut donc, et l'on tira du canot toutes les rames et les voiles.

« Il y eut ainsi dans la chaloupe trente rames, que nous rangeâmes sur les bancs en forme de couvert ou de pont. On avait aussi une grande voile, une misaine, un artimon et une civadière. La chaloupe avait tant de creux, qu'un homme pouvait se tenir assis sous le couvert des rames. Je partageai ma troupe en deux parties, dont l'une se tenait sous le couvert, tandis que l'autre était dessus, et l'on se relevait tour à tour. Nous étions soixante-douze, qui jetions les uns sur les autres des regards tristes et désolés, tels qu'on peut se le figurer entre gens qui mouraient de faim et de soif, et qui ne voyaient plus venir ni de mouettes ni de pluie. Le désespoir commençait à prendre la place de la tristesse, quand on vit s'élancer de la mer un assez grand nombre de poissons volants de la grosseur des merlans les plus forts, qui volèrent même dans la chaloupe. Chacun s'étant jeté dessus, ils furent distribués et mangés crus. Ce secours était léger; cependant il n'y avait personne de malade, ce qui paraissait d'autant plus étonnant, que malgré mes conseils quelques-uns avaient commencé à boire de l'eau de la mer. « Amis, leur disais-je, gardez-vous de boire de l'eau salée; elle n'apaisera point votre soif, et elle vous causera un flux de ventre auquel vous ne résisterez pas. »

« Ainsi, le mal croissant d'heure en heure, je vis arriver le temps du désespoir. On commençait à se regarder d'un air farouche, comme prêts à s'entre-dévorer et à se repaître de la chair de son voisin. Quelques-uns parlèrent même d'en venir à cette funeste extrémité, et de commencer par les jeunes gens : une proposition aussi atroce me remplit d'horreur, mon courage en fut abattu. Je me tournai du côté du Ciel, pour le conjurer de ne pas permettre qu'on exerçât cette barbarie. Enfin j'entreprendrais vainement d'exprimer dans quel état je me trouvai, lorsque je vis quelques matelots disposés à commencer l'exécution et résolus à se saisir des jeunes gens. J'intercédai pour eux dans les termes les plus touchants, et je tâchai de leur donner l'espoir que nous ne tarderions pas à découvrir la terre. Ils prétendirent que je leur tenais depuis longtemps le même langage, qu'ils n'étaient que trop certains que je les trompais ou que je me trompais moi-même. Cependant ils m'accordèrent l'espace de trois jours, au bout desquels ils protestèrent que rien ne serait capable de les arrêter. Cette affreuse résolution me pénétra jusqu'au fond du cœur; je redoublai mes prières pour obtenir que nos mains ne fussent pas souillées par le plus abominable de tous les crimes.

« Hélas! le temps coulait, et l'extrémité me paraissait si pressante, que j'avais peine à me défendre moi-même du désespoir que je reprochais aux autres. La force commençait à nous manquer autant que le courage; la plupart n'étaient presque plus capables de se lever du lieu où ils étaient assis, ni de se tenir debout; Rol était si abattu, qu'il ne pouvait se remuer : malgré l'affaiblissement que m'avaient dû causer mes blessures, j'étais encore un des plus robustes.

« Nous étions au second jour de décembre, qui était le treizième jour depuis notre désastre. L'air se chargea, il tomba de la pluie qui nous apporta un peu de soulagement; elle fut accompagnée d'un calme qui nous permit de détacher les vergues et de les étendre sur le bâtiment, on se traîna par-dessous, chacun but de l'eau de pluie à son aise; et les deux petits tonneaux demeurèrent remplis. J'étais alors au timon, et, suivant l'estime, je jugeai que nous ne devions pas être loin de la terre. J'espérai que l'air pourrait s'éclaircir pendant que je demeurerais dans ce poste, et je m'obstinai à ne pas le quitter; mais l'épaisseur de la brume et la pluie qui ne diminuait pas me firent éprouver un froid si vif, que, n'ayant plus le pouvoir d'y résister, j'appelai un des quartiers-maîtres pour lui faire prendre ma place. Il vint, et j'allai me mêler entre les autres, où je repris un peu de chaleur.

« A peine le quartier-maître eut-il passé une heure à la barre du gouvernail, que, le temps ayant changé, il découvrit une côte. Le premier mouvement de sa joie lui fit crier : « Terre ! terre ! » Tout le monde trouva des forces pour se lever, et chacun voulait être assuré par le témoignage de ses yeux d'un si favorable événement : c'était effectivement la terre. On déploya aussitôt toutes les voiles, et l'on courut droit sur la côte ; mais en approchant du rivage on trouva les brisants si forts, qu'on n'osa se hasarder à traverser les lames. L'île, car c'en était une, s'enfonçait en un petit golfe, où nous eûmes le bonheur d'entrer. Là nous jetâmes le grappin à la mer ; il nous en restait un petit, qui servit à nous amarrer à terre ; et chacun se hâta de sauter sur le rivage. L'ardeur fut extrême pour se répandre dans les bois ou dans les lieux où l'on espérait trouver quelque chose qui pût servir d'aliment. Pour moi, je n'eus pas plutôt touché la terre, que, m'étant jeté à genoux, je la baisai avec joie et rendis grâces au Ciel de la faveur qu'il nous accordait. Ce jour était le dernier des trois à la fin desquels on devait manger les mousses du vaisseau.

« L'île offrait des noix de coco, mais on n'y put découvrir d'eau douce. Nous nous crûmes trop heureux de pouvoir avaler la liqueur que les cocos rendent dans leur fraîcheur, et nous mangions les plus vieux. Cette liqueur nous parut un agréable breuvage, et il n'aurait produit que des effets salutaires si nous en eussions usé avec modération ; mais, tout le monde en ayant pris à l'excès, nous sentîmes, dès le même jour, des tranchées et des douleurs insupportables, qui nous forcèrent de nous ensevelir dans le sable les uns près des autres : elles ne finirent que le lendemain. On fit le tour de l'île sans découvrir la moindre trace d'habitation, ni de vivres dont nous avions le plus grand besoin.

« Après avoir rempli notre chaloupe de noix de coco

vieilles et fraîches, nous levâmes l'ancre vers le soir, et nous gouvernâmes sur l'île de Sumatra, dont nous eûmes la vue dès le lendemain; celle que nous quittions en est à quatorze à quinze lieues. Nous côtoyâmes les terres de Sumatra vers l'est, aussi longtemps qu'il nous resta de provisions. La nécessité nous forçant alors d'affronter les brisants, nous abordâmes par l'embouchure d'une petite rivière, dont l'eau était douce. Nous prîmes terre au côté droit, couvert de belles herbes, entre lesquelles nous découvrîmes de petites fèves telles qu'on en voit dans plusieurs endroits de la Hollande. Notre premier soin fut d'en manger avidement. Nous avions dans la chaloupe deux haches, qui nous servirent pour abattre quelques arbres et pour en couper les branches, dont nous fîmes de grands feux en plusieurs endroits. Vers le soir nous redoublâmes nos feux, et, dans la crainte de quelque surprise, je posai trois sentinelles aux avenues de notre petit camp. Au milieu de la nuit nos sentinelles nous apprirent que les habitants du pays s'approchaient en grand nombre : leur dessein, dans les ténèbres, ne pouvait être que de nous attaquer. Toutes nos armes ne consistaient que dans les deux haches avec une épée fort rouillée; et nous étions tous si faibles, qu'à peine avions-nous la force de nous remuer.

« Cependant cet avis nous ranima, et les plus abattus ne purent se résoudre à périr sans opposer quelque résistance. Nous prîmes dans nos mains des tisons ardents, avec lesquels nous courûmes au-devant de nos ennemis. Les étincelles volaient de toutes parts et rendaient le spectacle terrible. D'ailleurs les insulaires ne pouvaient être informés que nous étions sans armes : aussi prirent-ils la fuite pour se retirer derrière un bois. Nos gens retournèrent auprès de leurs feux, où ils passèrent le reste de la nuit dans des alarmes continuelles. Rol et moi, nous rentrâmes par prudence dans la chaloupe, pour nous assurer du moins de cette ressource contre toutes sortes d'événements.

« Le lendemain, au lever du soleil, trois insulaires sortirent du bois et s'avancèrent vers le rivage. Nous leur envoyâmes trois de nos gens qui, ayant déjà fait le voyage des Indes, connaissaient un peu les usages et la langue du pays. La première question à laquelle ils eurent à répondre fut de quelle nation ils étaient. Après avoir satisfait à cette demande et nous avoir représentés comme étrangers, d'infortunés marchands dont le vaisseau avait péri par le feu, ils demandèrent à leur tour si nous pouvions obtenir quelques rafraîchissements par des échanges. Pendant cet entretien, les insulaires continuèrent à s'avancer vers la chaloupe, et, s'étant approchés avec beaucoup d'audace, ils voulurent savoir si nous avions des armes. On leur répondit que nous étions bien pourvus de mousquets, de poudre et de balles.

« Ils nous quittèrent alors avec promesse de nous apporter du riz et des poules. Nous fîmes environ quatre-vingts réals de l'argent que chacun avait dans ses poches, et nous en offrîmes une partie aux trois insulaires quand ils nous apportèrent quelques poules et du riz tout cuit : ils parurent fort satisfaits du prix. J'exhortai mes gens à prendre un air ferme : nous nous assîmes sur l'herbe, et nous prîmes hardiment notre repas. Les trois insulaires assistèrent à ce festin, et durent admirer notre appétit. D'après leur réponse, il nous parut certain que nous étions au vent de Java, et cet éclaircissement nous causa d'autant plus de satisfaction, que, n'ayant pas de boussole, nous avions hésité jusqu'alors dans toutes nous manœuvres.

« Il ne nous manquait plus que des vivres pour achever de nous rendre tranquilles. Je pris trop témérairement la résolution de m'embarquer avec quatre de nos gens dans une petite pirogue qui était sur la rive, et de remonter la rivière jusqu'à un village que nous avions aperçu, dans l'éloignement, pour aller faire autant de provisions qu'il me serait possible avec le reste de l'argent que nous avions rassemblé. M'étant hâté de partir, j'eus bientôt acheté du riz et des poules, que j'envoyai à Rol avec la même diligence, en lui recommandant l'égalité dans la distribution, pour ne donner aucun sujet de plainte. De mon côté, je fis dans le village un fort bon repas avec mes compagnons, et je ne trouvai pas la liqueur du pays sans agrément : c'est une sorte de vin qui se tire des arbres et qui est capable d'enivrer.

« Pendant que nous mangions, les habitants étaient assis autour de nous. Après le repas, j'achetai d'eux un buffle ; mais il était si sauvage que nous ne pouvions ni le prendre ni l'emmener, et nous y employâmes beaucoup de temps. Le jour commençait à baisser ; je voulais que nous retournassions à la chaloupe, dans la vue de revenir le lendemain ; nos gens nous prièrent de les laisser cette nuit dans le village, sous prétexte qu'il leur serait plus aisé de prendre le buffle pendant les ténèbres. Je n'étais pas de leur avis, et je m'efforçai de les détourner de ce dessein : cependant leurs instances m'y firent consentir, et je les quittai en les abandonnant à leur propre conduite.

« Je retournai sur le bord de la rivière, où je trouvai près de la pirogue quantité d'insulaires qui paraissaient en contestation. Ayant cru démêler que les uns voulaient qu'on me laissât partir, et que d'autres s'y opposaient, j'en pris deux par les bras, et les poussai vers la pirogue d'un air de maître. Leurs regards étaient farouches. Cependant ils se laissèrent conduire jusqu'à la barque, et ne firent pas de difficulté d'y entrer avec moi : l'un s'assit à l'arrière, et l'autre à l'avant. Enfin ils se mirent à ramer. J'observai qu'ils avaient au côté chacun leur cris ou poignard, et par conséquent qu'ils étaient maîtres de ma vie. Après avoir un peu vogué, celui qui était à l'arrière vint à moi, au milieu de la pirogue où je me tenais debout, et me déclara par des gestes qu'il voulait de l'argent. Je tirai de ma poche une petite pièce de monnaie, que je lui offris ; il la reçut, et, l'ayant regardée quelques moments d'un air incertain, il l'enveloppa dans le morceau de toile qu'il avait autour de sa ceinture. Celui qui était à la proue vint à son tour, et me fit les mêmes signes. Je lui donnai une autre pièce, qu'il considéra aussi des deux côtés ; mais il me parut encore plus incertain s'il la devait prendre ou m'attaquer, ce qui lui aurait été facile, puisque j'étais sans armes. Je sentis la grandeur du péril, et le cœur me battit vivement.

« Nous descendions toujours, et d'autant plus vite que nous étions portés par le reflux. Vers la moitié du chemin, mes deux guides commencèrent à parler entre eux avec beaucoup de chaleur. Tous leurs mouvements semblaient marquer qu'ils avaient dessein de fondre sur moi; j'en fus alarmé jusqu'à trembler. Ma consternation me fit tourner les yeux vers le Ciel, à qui je demandai le secours qui m'était nécessaire dans un danger si pressant. Une inspiration secrète me fit prendre le parti de chanter, ressource étrange contre la peur, et souvent mise en usage. Je chantai de toute ma force, jusqu'à faire retentir les bois qui couvraient les deux rives. Les insulaires se mirent à rire, ouvrant la bouche si large, que je vis jusqu'au milieu de leur gosier. Leurs regards me firent connaître qu'ils ne me croyaient ni crainte ni défiance. Ainsi je vérifiai ce que j'avais entendu dire sans le comprendre, qu'une frayeur extrême est capable de faire chanter. Pendant que je continuais à me livrer à cette joie affectée, la barque allait si rapidement, que je commençais à découvrir notre chaloupe. Je fis des signes à nos gens; ils les aperçurent, et je les vis accourir sur le bord de la rivière; alors, me retournant vers mes rameurs, je leur fis entendre que pour aborder il fallait qu'ils se missent tous deux à la proue, dans l'idée que l'un d'eux ne pourrait du moins m'attaquer par derrière. Ils m'obéirent sans résistance, et je descendis tranquillement sur la rive; puis ces insulaires, si justement suspects, rentrèrent dans leur pirogue pour retourner au village.

« Je fis à Rol et aux autres le récit de ce qui m'était arrivé dans mon voyage, et je leur donnai l'espérance de revoir le lendemain nos quatre hommes avec le buffle. La nuit se passa dans une profonde tranquillité; mais, après le lever du soleil, nous fûmes surpris de ne point voir paraître nos gens, et nous craignîmes qu'il ne leur fût arrivé quelque accident. Enfin nous vîmes paraître deux insulaires qui chassaient un buffle devant eux; mais je n'eus pas besoin de le considérer longtemps pour reconnaître que ce n'était pas celui que j'avais acheté. Un de nos gens, qui entendait à demi la langue du pays, et qui se faisait entendre de même, demanda aux nègres pourquoi ils n'avaient point amené le buffle qu'ils m'avaient vendu, et où étaient nos quatre hommes. Ils répondirent qu'il avait été impossible d'amener l'autre, et que nos gens qui venaient après eux en conduisaient un second. Cette réponse ayant un peu dissipé notre inquiétude, je remarquai que le buffle sautait beaucoup, et qu'il n'était pas moins sauvage que le premier; je ne balançai point à lui faire couper les pieds avec la hache. Les deux noirs, le voyant tomber, poussèrent des cris et des hurlements épouvantables.

« A ce bruit deux à trois cents insulaires qui étaient cachés dans les bois en sortirent brusquement, et coururent d'abord vers la chaloupe, dans le dessein apparemment de nous couper le passage pour s'assurer le moyen de nous massacrer tous. Trois de nos gens qui avaient un petit feu à quelque distance des tentes pénétrèrent leur projet, et se hâtèrent de nous en donner avis. Je sortis du bois, et, m'étant un peu avancé, je vis quarante à cinquante de nos ennemis qui se précipitaient vers nous d'un autre côté du même bois. « Tenez ferme, dis-je à nos gens; le nombre de ces misérables n'est pas assez grand pour nous causer de l'épouvante. » Mais nous en vîmes paraître une si grosse troupe, la plupart armés de boucliers et d'une sorte d'épée, que, regardant ma situation d'un autre œil, je m'écriai : « Courons à la chaloupe; car si le passage nous est coupé, il faut renoncer à toute espérance. » Nous prîmes notre course vers la chaloupe, et ceux qui ne purent y arriver assez tôt se jetèrent dans l'eau pour s'y rendre à la nage.

« Nos ennemis nous poursuivirent jusqu'à bord. Malheureusement pour nous, en vue de s'éloigner de la rive avec une diligence égale au danger, les voiles étaient étendues en forme de tente d'un côté de la chaloupe à l'autre; et tandis que nous nous empressions d'y entrer, les insulaires, nous suivant de près, percèrent de leurs zagaies plusieurs de nos gens. Nous nous défendions néanmoins avec nos haches et notre vieille épée. Le boulanger de l'équipage, qui était un homme fort grand et plein de vigueur, s'aidait de l'épée avec succès. Nous étions amarrés par des grappins, nous parvînmes à les lever. En vain les insulaires tentèrent de nous suivre dans l'eau, ils perdirent fond et furent contraints d'abandonner leur proie.

« Nous pensâmes à recueillir le reste de nos gens qui nageaient dans la rivière. Ceux qui n'avaient pas reçu le coup mortel rentrèrent à bord, et le Ciel fit souffler aussitôt un vent forcé de terre, quoique jusqu'alors il eût été de mer. Nous mîmes toutes nos voiles, et nous allâmes au large d'une seule bordée, avec une facilité surprenante à repasser le banc et les brisants qui nous avaient causé tant d'embarras à notre entrée dans la rivière. A peine étions-nous hors de danger qu'on s'aperçut que le brave boulanger qui nous avait si bien défendus avait été blessé d'une arme empoisonnée. Il tomba mort à nos yeux. En faisant la revue de nos gens, nous trouvâmes qu'il en manquait seize, y compris les quatre qui avaient sûrement été tués au village.

« A la pointe du jour nous eûmes la vue de trois îles qui étaient devant nous. Nous prîmes la résolution d'y relâcher, quoiqu'elles ne nous parussent point habitées; on se flattait d'y trouver quelque nourriture : celle où nous abordâmes était remplie de cette espèce de roseau qu'on nomme bambous, et qui sont souvent de la grosseur de la jambe. Nous en prîmes plusieurs dont nous perçâmes les nœuds avec un bâton, à l'exception de celui de dessous; nous les remplîmes d'eau douce comme autant de tonneaux, et nous les fermâmes avec des bouchons. Cet expédient nous fournit une bonne provision d'eau douce dans la chaloupe. Il y avait aussi des palmiers, dont la cime était assez molle pour nous servir d'aliment.

« Quelques jours après, au soleil levé, nous fûmes arrêtés par un calme. Nous étions, sans le savoir, sur la côte de Java : un matelot étant monté au haut du mât cria qu'il voyait un grand nombre de vaisseaux ; il en compta jusqu'à vingt-trois. Notre joie ne peut s'exprimer ; on se hâta de faire usage des avirons, à cause du calme. Ces vingt-trois vaisseaux étaient hollandais, sous le commandement de Frédéric Houtman d'Alcmaar. Il se trouvait alors dans la galerie de son vaisseau, d'où il nous observait avec sa lunette d'approche. Surpris de la singularité de nos voiles, et cherchant l'explication d'un spectacle si nouveau, il envoya sa chaloupe au-devant de nous pour savoir qui nous étions. Ceux qui la conduisaient se rappelèrent de nous avoir connus ; nous avions fait voile ensemble du Texel, et nous ne nous étions séparés que dans les mers d'Espagne. Ils nous firent passer, Rol et moi, dans leur chaloupe, et nous conduisirent à bord de l'amiral, dont le vaisseau se nommait *la Vierge de Dordrecht* : nous lui fûmes aussitôt présentés. Après nous avoir marqué la joie qu'il avait de nous revoir, jugeant sans explication quel était le plus pressant de nos besoins, il fit couvrir sa table et s'y mit avec nous. Lorsque je vis paraître le pain et plusieurs viandes, je me sentis le cœur si serré que les larmes inondèrent mon visage, et je ne trouvai point la force de manger. Mes compagnons d'infortune, qui arrivèrent presque aussitôt, furent distribués sur tous les autres vaisseaux de la flotte.

« L'amiral se fit raconter toutes nos aventures, qu'il écouta avec le plus grand étonnement ; ensuite il nous fit embarquer dans un yacht pour nous rendre à Batavia. Nous étions encore au nombre de cinquante, et nous y fûmes rendus le lendemain. Les amis que nous avions retrouvés sur la flotte m'avaient fourni des vêtements et à tout mon équipage. Nous nous présentâmes à l'hôtel du général de la compagnie, qui n'avait point encore été informé de notre arrivée, mais qui nous reçut favorablement aussitôt que nous nous fîmes connaître. Il fallut satisfaire sa curiosité par un long récit ; ensuite je lui expliquai comment le désastre était arrivé, combien nous avions perdu de monde, et comment, lorsque le navire sauta en l'air, le Ciel m'avait conservé avec un seul jeune homme.

« Le général, fort attentif à ma narration, me dit froidement, après avoir entendu le reste de nos aventures : « Que faire à cela? c'est un grand malheur! » Puis il dit à un de ses domestiques : « Apporte la coupe d'or. » Il fit verser du vin d'Espagne en disant : « Capitaine, je vous souhaite plus de bonheur. Je bois à votre santé. » Il but aussi à la santé du roi. Il ajouta : « Restez ici, vous dînerez avec moi. »

Ce général nomma Bentékoé capitaine d'un vaisseau de trente pièces de canon, et le chargea de diverses commissions importantes, dont il s'acquitta à la satisfaction générale. Le même officier supérieur prit aussi Rol pour commis ou marchand sur le même vaisseau. Rol obtint par la suite le gouvernement d'un fort à Amboine, et y mourut. Bentékoé entra heureusement dans un port de Zélande le 15 novembre 1625. En débarquant, il bénit le Ciel de l'avoir délivré de tant de périls pendant un voyage de sept ans. Ce grand navigateur se retira à Hoorn, lieu de sa naissance, où il mena une vie exemplaire, et y termina sa carrière, estimé de tous ceux qui le connurent.

VI

Naufrage du vaisseau hollandais *le Perow (l'Épervier)*, sur les côtes de l'île de Quelpaert, mer de Corée, en 1653.

Le 10 janvier 1653, ce vaisseau, monté par soixante-quatre hommes d'équipage, et chargé pour le compte de la compagnie des Indes hollandaises, des Indes orientales, partit du Texel sous le commandement du capitaine Eybertz, d'Amsterdam. Après avoir essuyé quelques tempêtes et autres accidents d'une fâcheuse navigation, il arriva dans la rade de Batavia le 1er juin.

Le 14 du même mois, étant ravitaillé, il remit à la voile par ordre du gouverneur général, pour se rendre à Tay-Wan, dans l'île Formose : ils y arrivèrent le 16 juin. Le 30, un ordre du conseil les obligea de partir pour le Japon. Le 1er août au matin, ils se trouvèrent fort près d'une petite île, où ils mouillèrent avec beaucoup de difficulté, parce qu'on ne trouve pas de fond dans presque toutes les parties de cette mer. Lorsque le brouillard vint à se dissiper, malgré la force d'une tempête qui les tourmentait, ils furent étonnés de se voir si près des côtes de la Chine, qu'ils distinguaient parfaitement sur le rivage des gens armés qui s'attendaient apparemment à profiter des débris du vaisseau. Quoique la tempête ne cessât point d'augmenter, ils restèrent dans le même lieu toute la nuit et le jour suivant. Le troisième jour, l'équipage de l'*Épervier* s'aperçut que la tempête l'avait éloigné de vingt lieues de sa route. La violence continuelle de la mer avait fort affaibli le vaisseau, et la pluie, qui ne discontinuait pas, les empêchant de faire des observations, ils furent obligés d'amener toutes leurs voiles et de s'abandonner au gré des flots. Le 15, ils prirent tant d'eau, qu'ils n'étaient plus maîtres de leur bâtiment. La nuit suivante, leur chaloupe et la plus grande partie de la galerie furent emportées par l'impétuosité des vagues, qui ébranlèrent le beaupré et mirent la proue fort en danger. Les coups de vent étaient si impétueux et se succédaient de si près, qu'il était impossible d'y remédier. Enfin une vague qui se brisa sur l'antenne faillit emporter tout ce qu'il y avait de matelots sur le pont, et jeta tant d'eau sur le bâtiment, que le capitaine s'écria qu'il fallait couper le mât sur-le-champ, et demander le secours du Ciel, parce qu'une ou deux vagues de plus causeraient infailliblement la perte du vaisseau.

Ils étaient réduits à cette extrémité lorsqu'au second quart celui qui veillait à l'avant s'écria : « Terre! terre! » en assurant qu'on n'était éloigné du rivage que d'une portée de mousquet : la pluie et l'épaisseur des ténèbres n'avaient pas permis de s'en apercevoir plus tôt. Il fut impossible de jeter l'ancre, parce qu'on ne trouva point de fond ; et tandis qu'on s'efforçait inutilement d'y parvenir, il se fit une si grande voie d'eau, que tous ceux qui étaient à fond de cale furent noyés sans avoir pu sortir. Quelques-uns de ceux qui étaient sur le pont sautèrent dans la mer ; les autres furent entraînés par les flots ; il y en eut quinze qui gagnèrent ensemble le rivage, la plupart nus et tout brisés. Ils se persuadèrent d'abord que tous les autres avaient péri ; mais, en grimpant sur les rochers, ils entendirent les voix de quelques personnes qui poussaient des plaintes. Le jour suivant, à force de crier et de chercher le long du rivage, ils rassemblèrent plusieurs de leurs compagnons qui étaient dispersés sur le sable. De soixante-quatre, ils se trouvèrent au nombre de trente-six, la plupart blessés dangereusement.

En cherchant les débris du vaisseau, ils découvrirent un de leurs compagnons pris entre deux planches ; il avait été tellement serré, qu'il ne vécut pas plus de trois heures après avoir été dégagé. Mais, de tous ceux qui avaient eu le malheur de périr, ils ne retrouvèrent que le capitaine Eybertz, étendu sur le sable à dix ou douze brasses de l'eau, la tête appuyée sur son bras. Ils lui rendirent les derniers devoirs en l'enterrant. De toutes les provisions, la mer n'avait jeté sur le rivage qu'un sac de farine, un tonneau de viande salée, un peu de lard et un baril de vin rouge. Ils n'eurent pas peu d'embarras à faire du feu ; car, se croyant dans quelque île déserte, leur unique ressource était dans leur industrie.

Le 17, étant à déplorer leur situation, tantôt s'affligeant de ne voir paraître personne, tantôt se flattant de n'être pas éloignés du Japon, ils découvrirent dans le lointain un homme, qu'ils appelèrent par divers signes, mais qui prit la fuite dès qu'il les aperçut. Dans l'après-midi, ils en virent trois autres, dont l'un était armé d'un mousquet, et les deux autres, de flèches. Ces inconnus s'approchèrent à la portée du fusil ; mais remarquant que les Hollandais s'avançaient vers eux, ils leur tournèrent le dos, malgré les signes par lesquels on s'efforçait de leur faire connaître qu'on ne leur demandait que du feu. Enfin, quelques Hollandais ayant trouvé moyen de les joindre, celui qui portait le mousquet ne fit pas de difficulté de le leur abandonner entre les mains. Ils s'en servirent pour allumer du feu. Ces trois hommes étaient vêtus à la chinoise, excepté leurs bonnets, qui étaient composés de crins de cheval. Les Hollandais s'imaginèrent avec effroi que c'étaient peut-être des Chinois sauvages ou des pirates. Vers le soir, ils virent paraître une centaine d'hommes armés, vêtus comme les premiers, qui, après les avoir comptés pour s'assurer de leur nombre, les tinrent enfermés pendant toute une nuit. Le lendemain à midi, environ deux mille hommes, tant à pied qu'à cheval, vinrent se placer devant leur hutte ou leur tente en ordre de bataille. Le secrétaire, les deux pilotes et un mousse ne firent pas de difficulté de se présenter à eux. Ils furent conduits au commandant, qui leur fit mettre au cou une grosse chaîne de fer et une petite sonnette, et les obligea de se prosterner devant lui avec cette singulière parure. Ceux qui étaient restés dans la hutte furent traités de même, tandis que les insulaires semblaient applaudir par de grands cris. Après les avoir laissés quelque temps dans cette situation, c'est-à-dire prosternés ventre à terre, on leur fit signe de se mettre à genoux. On leur adressa plusieurs questions qu'ils ne parurent comprendre. Ils ne réussirent pas mieux à faire connaître qu'ils auraient voulu se rendre au Japon, parce que, dans ce pays, le Japon s'appelle *Juare* ou *Jirpon*. Le commandant, ayant perdu l'espérance de les entendre, fit apporter une tasse d'arack, qui leur fut présentée tour à tour, et les envoya dans leur tente. Il se fit montrer ce qui leur restait de provisions, et bientôt après on leur apporta du riz cuit à l'eau.

Après midi, les Hollandais furent surpris de voir venir plusieurs de ces barbares avec des cordes à la main. Ils ne doutèrent pas que ce ne fût pour les étrangler ; mais leur crainte s'évanouit en les voyant courir vers les débris du vaisseau, pour tirer au rivage ce qui pouvait leur être utile.

Le pilote, ayant fait ses observations, jugea qu'ils étaient dans l'île de Quelpaert, en Asie, dépendante du royaume de ce nom.

Les insulaires employèrent le 19 et le 20 à tirer au rivage les restes du vaisseau naufragé, à faire sécher les toiles et les draps, à brûler le bois pour en tirer le fer, dont ils font grand cas. Comme la familiarité commençait à s'établir, les Hollandais se présentèrent au commandant de l'île et à l'amiral, qui s'était aussi approché de leur tente. Ils firent présent à l'un et à l'autre d'une lunette d'approche et d'un flacon de vin rouge. La tasse d'argent du capitaine ayant été trouvée entre les rochers, ils l'offrirent aussi à ces deux officiers. Les lunettes et la liqueur furent acceptées; il parut même que le vin était goûté, puisque les deux généraux en burent jusqu'à se ressentir de ses effets; mais ils rendirent la tasse du capitaine avec divers témoignages d'amitié.

Pendant qu'on brûlait le bois du vaisseau dans la journée du 20, le feu s'étant approché de deux pièces de canon chargées à boulet, les deux coups partirent avec tant de bruit, que tous les insulaires prirent la fuite, et n'osèrent revenir qu'après avoir été rassurés par des signes. Le matin du jour suivant, le commandant leur fit entendre qu'il fallait lui apporter tout ce qu'ils avaient pu sauver dans leur tente : c'était pour y mettre le scellé; et cette formalité fut exécutée devant leurs yeux. On lui amena au même moment quelques personnes de l'île qui avaient détourné, pour leur propre usage, du fer, des cuirs et d'autres restes de la cargaison. Il les fit punir sur-le-champ, pour faire connaître aux étrangers que le dessein des habitants n'était de leur faire tort ni dans leurs personnes ni dans leurs biens. Chaque voleur reçut trente à quarante coups sur la plante des pieds, avec un bâton de six pieds de long et de la grosseur du bras. Ce châtiment fut si rigoureux, qu'il en coûta les orteils à quelques-uns des coupables.

On fit entendre aux Hollandais qu'ils devaient se préparer à partir. On offrit des chevaux à ceux qui étaient en bonne santé, et les malades furent portés dans des hamacs. Ils se mirent en marche, accompagnés d'une garde nombreuse à cheval et à pied. Ils arrivèrent à Maggan, capitale de l'île, où le gouverneur du pays fait sa résidence. Le secrétaire fut conduit devant ce gouverneur avec quelques-uns de ses compagnons. Ils se tinrent quelque temps prosternés près d'une espèce de balcon où il était assis comme un souverain.

Nous ne suivrons pas les Hollandais dans toutes les circonstances où ils se trouvèrent pendant leur esclavage dans l'île de la Corée. Ils étaient tombés au pouvoir d'une nation peu hospitalière. La liberté est le besoin le plus pressant de tous les hommes. Le pilote et cinq de ses compagnons, moins observés que les autres, en se promenant dans un petit village voisin de la ville, aperçurent une barque assez bien équipée, qui n'avait personne pour la garder. Ils se rendirent aussitôt sur la barque sans aucune précaution. Ils parvinrent à la dégager d'un petit banc de sable qui coupait le passage; mais, tandis qu'ils s'efforçaient de lever la voile, le mât et cette voile tombèrent dans l'eau. Ils ne laissèrent pas de les rétablir sans beaucoup de peine; ils commençaient à se flatter du succès, lorsque le bout du mât se rompit. Ces délais ayant donné le temps aux habitants du village de se mettre dans une barque, ils eurent bientôt joint les fugitifs, qui, sans être effrayés du nombre et des armes, sautèrent dans la barque ennemie, et se flattèrent de pouvoir s'en saisir; mais, la trouvant remplie d'eau et hors d'état de servir, ils prirent le parti de la soumission.

Ils furent conduits au gouverneur, qui les fit d'abord étendre à plat sur la terre, les mains liées à une grosse pièce de bois; ensuite, s'étant fait amener tous les autres Hollandais, liés aussi et les fers aux mains, il demanda aux coupables si leurs compagnons avaient eu quelque connaissance de leur fuite. Ils répondirent négativement d'un air ferme : ceux qui étaient regardés comme coupables protestèrent qu'ils n'avaient pas eu d'autre dessein que de se rendre au Japon. « Quoi ! leur dit le gouverneur, vous auriez osé entreprendre ce voyage sans vivres et sans eau? » Ils lui répondirent naturellement qu'ils avaient mieux aimé s'exposer à la mort une fois pour toutes que de mourir à chaque moment. Là-dessus les malheureux reçurent chacun vingt-cinq coups sur les fesses nues, avec un bâton long d'une brasse et large de quatre doigts sur un pouce d'épaisseur, plat du côté dont on frappe, et rond du côté opposé. Les coups furent appliqués si vigoureusement, qu'ils en gardèrent le lit pendant plus d'un mois. Le gouverneur fit délier les autres; mais ils furent renfermés bien plus étroitement, et gardés jour et nuit.

Au bout de quelque temps, le gouverneur reçut ordre de faire conduire les Hollandais à la cour. On les embarqua dans quatre petits bâtiments, les fers aux pieds, et la main droite attachée à un bloc de bois. Arrivés enfin dans la ville de Sior, où le roi fait sa résidence, on détacha leurs fers, et ils furent présentés au monarque, qui leur fit plusieurs questions. Ils le supplièrent humblement de les faire transporter au Japon, d'où ils se flattaient qu'avec le secours des Hollandais qui y exercent le commerce, ils pourraient retourner quelque jour dans leur patrie. Le roi leur répondit que les lois de la Corée ne permettaient pas d'accorder aux étrangers la liberté de partir, mais qu'on aurait soin de leur fournir tout le nécessaire. Ensuite il leur ordonna de se livrer en sa présence aux exercices pour lesquels ils avaient le plus d'habileté, tels que de chanter, de danser et de sauter; après quoi, leur ayant fait apporter quelques rafraîchissements, il fit présent à chacun de deux pièces de drap pour se vêtir à la manière des Coréens.

Les malheureux naufragés, encore au nombre de trente-cinq, furent comme forcés d'entrer dans les gardes du corps du roi; en cette qualité, ils reçurent un mousquet, de la poudre, des balles, et on leur fournissait chaque mois une grande abondance de riz.

Enfin, après douze ans d'esclavage et de maux infinis,

ils trouvèrent le moyen de se procurer une barque, avec quelques vivres et de l'eau douce, et s'échappèrent de la dernière ville où ils étaient détenus, la nuit du 4 septembre 1667, aussitôt que la lune eut cessé de luire; puis, se glissant le long du mur de la ville, ils gagnèrent le rivage au nombre de huit sans avoir été découverts. Il ne restait que seize Hollandais de trente-six qui s'étaient sauvés du naufrage; les huit autres qui ne purent s'échapper de la Corée, y moururent vraisemblablement; du moins on n'a jamais appris de leurs nouvelles.

Les courageux Hollandais échappés de leurs fers eurent la hardiesse de passer devant les vaisseaux de la ville et même devant les vaisseaux du roi, en prenant le large dans le canal autant qu'il était possible. Le 5 septembre ils doublèrent la pointe de la Corée, et n'appréhendèrent plus d'être poursuivis; néanmoins ils aperçurent plusieurs barques japonaises qui les suivaient de près. Les gens de la première leur demandèrent par des signes où ils allaient. Pour réponse ils arborèrent le pavillon jaune avec les armes d'Orange, en criant: « Hollandais, Nangazaki (but de leur voyage). » Là-dessus on leur fit signe d'amener leur voile; ils obéirent. Deux hommes, étant passés sur le bord, leur firent plusieurs questions qui ne furent pas entendues. Le soir, une barque amena un officier qui tenait le troisième rang dans l'île. Reconnaissant qu'ils étaient Hollandais, il leur fit entendre par des signes qu'il y avait six vaisseaux de leur nation à Nangazaki, et qu'eux-mêmes se trouvaient dans l'île de Goto, qui appartenait à l'empereur du Japon. Ils passèrent trois jours dans le même lieu, gardés fort soigneusement. On leur apporta du bois et de la viande, avec une natte pour les mettre à l'abri de la pluie, qui tombait en abondance.

Le 12 ils partirent pour Nangazaki, bien fournis de provisions, sous la conduite du même officier qui les avait abordés. Il était accompagné de deux grandes barques et de deux petites. Le 14 ils furent conduits au rivage, et reçus par les interprètes japonais de la compagnie hollandaise, qui, leur ayant fait plusieurs questions, prirent leurs réponses par écrit. Ils furent menés ensuite au palais du gouverneur, devant lequel ils comparurent. Lorsqu'ils eurent satisfait sa curiosité par le récit de leurs aventures, il loua beaucoup le courage qui leur avait fait surmonter tant de dangers pour recouvrer leur liberté. Leur esclavage avait duré plus de douze ans. Les interprètes reçurent ordre du gouverneur de les conduire chez le commandant hollandais. Il les reçut avec beaucoup de bonté, ainsi que son lieutenant et tous leurs compatriotes : peu de jours après ils partirent pour Batavia, où ils arrivèrent le 29 novembre. Le général, à qui ils présentèrent leur journal, leur fit un accueil très-favorable, et leur promit de les mettre à bord de quelques vaisseaux qui devaient retourner en Europe. En effet, s'étant embarqués le 28 décembre, ils arrivèrent à Amsterdam le 28 juillet 1668.

VII

Naufrage du vaisseau hollandais *le Batavia*, commandé par François Chelsart, près des côtes de la Concorde, dans la Nouvelle-Hollande, en 1630.

Le capitaine François Chelsart, célèbre marin, est cité pour un des premiers Européens qui aient abordé à la terre Australe. La compagnie hollandaise lui confia le commandement du *Batavia;* son équipage était d'environ trois cents personnes, en y comprenant les passagers et quelques femmes et enfants : sa cargaison était très-considérable. Le *Batavia* était compris dans une flotte de onze vaisseaux sous les ordres du général Carpentier.

La flotte partit du Texel le 28 octobre 1628. En approchant du cap de Bonne-Espérance, une tempête violente dispersa tous les vaisseaux, qui avaient été de conserve jusqu'alors. Chelsart, fort inquiet du sort de la flotte dont il faisait partie, gouvernait, après la tempête passée, pour la rejoindre et continuer sa route, lorsque, le 4 juin 1630, il fut porté, pendant la nuit, sur les rochers qui tiennent à la Nouvelle-Hollande, près de la côte de la Concorde, dans la terre Australe. Le capitaine était alors au lit, très-incommodé d'une maladie de langueur. Il crut sentir, au mouvement extraordinaire du vaisseau, qu'il touchait; la frayeur le fit lever aussitôt et courir sur le tillac.

Toutes les voiles étaient hautes; la lune, élevée sur l'horizon, laissait apercevoir dans l'éloignement une écume fort épaisse. L'inquiétude de Chelsart augmentant, il appelle le pilote, et lui reproche que sa négligence va les exposer à périr. Celui-ci s'excuse en disant qu'il avait fait bon quart, qu'il avait remarqué de loin la blancheur de cette écume, et que son matelot lui avait répondu, lorsqu'il lui avait demandé ce que c'était, qu'elle provenait des rayons de la lune. Chelsart lui demanda alors en quel endroit du monde se trouvait le vaisseau. Le pilote lui répondit : « Dieu seul le sait, nous sommes sur un banc inconnu. »

Dans cette extrémité, on jeta la sonde; il se trouva à l'arrière du vaisseau dix-huit pieds d'eau, et à l'avant beaucoup moins. Un danger si pressant avait rassemblé les officiers : on ne vit point d'autre parti à prendre que d'alléger le vaisseau, dans l'espérance qu'il se remettrait plus aisément. Sur-le-champ on l'arrête avec une ancre, et l'on se met en devoir de jeter tous les canons à la mer. Tandis que les matelots étaient occupés à ce travail, il survint un orage de pluie et de vent : ce fut alors que les Hollandais connurent tout le danger où ils étaient, et qu'ils se virent environnés de bancs et de rochers contre lesquels le vaisseau heurtait à chaque instant. On résolut de couper le grand mât, qui ne servait qu'à augmenter les secousses du navire. Malheureusement, quoiqu'on eût observé de le couper vers le pied, il fut impossible de le dégager des manœuvres. On n'apercevait point de terre que la mer ne couvrît, à l'exception d'une île que l'on jugeait à l'œil être éloignée de trois lieues, et de deux autres petites, ou plutôt deux rochers, qui paraissaient plus proches. Le pilote, qui fut envoyé pour les reconnaître, assura que la mer ne les couvrait point, mais qu'entre tant de bancs de rochers l'accès en serait fort difficile. On résolut néanmoins d'en courir les risques et de faire porter d'abord à terre les femmes, les enfants et les malades, dont les cris et le désespoir n'étaient propres qu'à faire perdre courage aux matelots. Ils furent embarqués avec beaucoup de diligence dans la chaloupe et dans l'esquif.

Vers dix heures du matin, on s'aperçut que le vaisseau était entr'ouvert. Chelsart fit redoubler les efforts pour porter de la soute sur le tillac le pain et les autres aliments. L'eau fut négligée, parce qu'on ne s'imaginait pas qu'on en manquerait à terre; mais les matelots, dans un état si désespéré, ne songèrent qu'à se gorger de vin, qui était alors à l'abandon. Aussi ne put-on faire que trois voyages avant la nuit, et porter au rivage environ quatre-vingts personnes, vingt barils de pain et quelques petits barils d'eau; ces provisions furent même dissipées par l'équipage à mesure qu'elles arrivaient dans l'île. Chelsart s'y rendit pour arrêter le désordre. Cette attention fut d'autant plus importante dans cette triste circonstance, qu'elle servit à lui faire connaître que l'île était sans eau. Il se mit en mer, et il revenait avec une vive impatience, pour en faire transporter avec les plus précieuses marchandises du vaisseau, lorsqu'un grand vent et les flots soulevés l'obligèrent de relâcher au lieu d'où il était parti. En vain s'efforça-t-il de retourner à bord; la mer brisait si rudement contre le vaisseau, qu'il lui fut impossible d'aborder. Un matelot s'était jeté à la nage pour le joindre et pour lui représenter le besoin que le reste de ses gens avait de son secours. Chelsart renouvela plusieurs fois les mêmes efforts; mais, désespérant de surmonter la force des vagues, il se vit réduit à renvoyer le matelot à la nage, avec ordre de faire ramasser toutes les planches qui se trouveraient sur le vaisseau, de les attacher ensemble, de les jeter dans les flots, afin qu'on pût les repêcher. Cependant l'orage augmentait toujours, et la perte de sa vie ne pouvait être d'aucune utilité pour les malheureux qui imploraient son assistance : il fut contraint de retourner à l'île et de laisser, avec une vive douleur, son lieutenant et soixante-dix personnes dans le péril le plus imminent. Ils trouvèrent le moyen de gagner une petite île, où ils ne vécurent qu'avec de grandes difficultés.

Ceux qui s'étaient crus heureux de pouvoir passer dans l'une ou l'autre des deux îles n'y étaient guère en meilleure situation. En vérifiant la quantité de leur eau, ils n'en trouvèrent dans la petite île qu'environ cinquante pintes pour quarante personnes dont leur troupe était composée. Il y en avait encore moins dans la grande île, où le nombre des malheureux était de cent quatre-vingts. Chelsart ayant relâché dans la première, on lui représenta la nécessité d'employer la chaloupe et l'esquif à chercher de l'eau dans les îles voisines. Il en reconnut la nécessité; mais il déclara qu'il ne pouvait prendre cette résolution sans l'avoir communiquée à ceux de la grande île, qui tomberaient autrement dans le dernier désespoir en voyant s'éloigner la chaloupe et l'esquif. Il eut beaucoup de peine à faire goûter cette généreuse idée, parce qu'on craignait qu'il ne fût retenu dans la grande île. Cependant, lorsqu'il eut déclaré qu'il périrait plutôt à la vue du vaisseau que de laisser la plus grande partie de son équipage et de ses amis dans une incertitude pire que la mort, il obtint la liberté d'exécuter sa résolution. L'esquif approcha heureusement de la grande île; mais ceux qui accompagnaient Chelsart lui dirent qu'ils ne lui permettraient pas de descendre à terre, et que, s'il avait quelque chose à communiquer à l'autre troupe, il pouvait élever la voix pour se faire entendre. Il s'efforça inutilement de se jeter dans l'eau pour gagner le rivage; on le retint avec tant d'obstination, que, se voyant forcé de suivre la loi qu'on lui imposait, il prit le parti de jeter ses tablettes dans l'île, après y avoir écrit qu'il partait avec l'esquif pour aller chercher de l'eau dans les terres que la pitié du Ciel pouvait leur faire rencontrer.

Il naviguait depuis plusieurs jours le long de ces côtes inaccessibles, lorsque, ayant aperçu de loin beaucoup de fumée, il fit employer les rames pour s'approcher du lieu d'où il la voyait s'élever. Il se promit de l'eau dans un canton qui devait être habité par des hommes; mais il lui fut impossible d'en approcher, à cause de la violence des vagues. Dans le chagrin d'un si cruel obstacle, six de ses hommes, se fiant à leur adresse, sautèrent dans les flots, et gagnèrent enfin la terre avec beaucoup de peine et de danger, tandis que la chaloupe s'arrêta sur son ancre, à vingt brasses de fond. Ils employèrent tout le jour à chercher de l'eau, et dans leur course ils aperçurent quatre hommes qui s'avancèrent vers eux le ventre à terre, c'est-à-dire en marchant sur les pieds et les mains comme des animaux. Ils ne les reconnurent pour des créatures humaines qu'après les avoir effrayés par quelques mouvements qui les obligèrent de se lever pour prendre la fuite. Ces sauvages sont noirs et tout à fait nus. Les six Hollandais, n'ayant pu découvrir aucune trace d'eau, rejoignirent Chelsart à la nage, blessés et meurtris du choc des vagues et des rochers.

L'inutilité presque complète de ses recherches fit prendre à Chelsart le parti de se rendre promptement à Batavia, où il espérait, par le récit de leurs malheurs, procurer des secours plus efficaces à ceux qu'il avait laissés dans les îles. Une rencontre qu'ils firent bientôt leur parut d'un heureux augure pour le succès de leur voyage. A la vue des côtes de Java, et presque à la chute du jour, ils découvrirent une voile derrière eux; on reconnut avec la plus grande satisfaction qu'elle tenait la même route : sur-le-champ ils jetèrent l'ancre, résolus à l'attendre. Le lendemain, aux premiers rayons du soleil, Chelsart fit ramer vers ce vaisseau. Il était hollandais et accompagné de deux autres, tous trois appartenant à la même compagnie. Chelsart aborda le principal, et fut reconnu par un conseiller de Batavia. Le récit de leur infortune, et plus encore le motif qui avait fait entreprendre à Chelsart une course si périlleuse, touchèrent sensiblement le magistrat; il promit de l'appuyer au conseil de Batavia, et le retint auprès de lui jusqu'au débarquement. A leur arrivée, Chelsart et son équipage pensèrent moins à se reposer de leurs fatigues qu'à solliciter pour ceux qu'ils avaient abandonnés.

Cependant il se passait une horrible scène dans les trois îles où ils avaient laissé cette malheureuse troupe. Le sous-commis du vaisseau, nommé Cornélis, engagea la plus grande partie de ses compagnons à se réunir à lui et à se rendre indépendants. Cet homme atroce prit ses mesures avec une si cruelle prudence, qu'il en fit égorger trente à quarante avant qu'ils eussent conçu la moindre défiance de sa perfidie. Ceux qui échappèrent au massacre se sauvèrent sur quelques pièces de bois dans l'île où un jeune officier nommé Weybe-Hays, militaire rempli de résolution et de fermeté, s'était retiré avec quarante hommes.

Chelsart ne perdait point de temps à Batavia : ses ardentes sollicitations lui avaient fait obtenir du conseil une frégate et d'habiles plongeurs de Guzarate. Il mit la plus grande activité à la charge des provisions et à appareiller. Le vaisseau, poussé par un vent favorable, fut bientôt rendu sur les rochers d'Outman. Le capitaine avait été absent plus de deux mois; mais il reconnut sans peine des lieux que sa sensibilité lui présentait sans cesse avec inquiétude et intérêt. A son arrivée il remarqua de la fumée dans une de ces îles, ce qui fut une douce satisfaction pour lui, et le persuada que tous ceux qui avaient échappé au naufrage n'étaient pas morts. Le premier soin de Chelsart fut de jeter l'ancre et de se mettre dans l'esquif, avec du pain et du vin, pour aborder à cette île; mais, dans la traversée, il fut joint par un canot monté par quatre hommes : c'était le brave Weybe-Hays qui venait le prévenir des scènes d'horreur qui s'étaient passées pendant son absence; que l'acharnement des rebelles continuait toujours, et que le matin même il avait encore essuyé une attaque; il l'instruisit aussi de l'horrible complot de ces déterminés, qui avaient résolu de s'emparer de lui et de son vaisseau à son arrivée.

Le capitaine, indigné, revira promptement vers la frégate. Il y était à peine remonté, et venait de donner ses ordres pour une vigoureuse défense, qu'il découvrit deux chaloupes des rebelles qui s'avançaient vers lui, montées par des hommes armés. Lorsqu'ils furent à portée de la voix, il leur demanda pourquoi ils abordaient le vaisseau les armes à la main. « Nous vous le dirons lorsque nous serons à bord. » Le capitaine, justement irrité, leur ordonna de les jeter à la mer, sinon il allait les couler à fond. Le ton de menace et les forces qui le soutenaient leur firent prendre le parti de la soumission : ils jetèrent leurs armes et montèrent dans le vaisseau, où ils furent aussitôt mis aux fers. Un de leurs chefs, nommé Jean de Bremen, qui fut interrogé le premier parce qu'il avait eu l'audace de menacer ceux qui l'enchaînaient, avoua qu'il avait égorgé ou aidé à assassiner vingt-sept hommes. Le soir même Weybe-Hays amena à bord le traître Cornélis, qu'il avait fait prisonnier. On était au 7 septembre.

Le lendemain, le capitaine et le pilote prirent des bateaux, et, s'étant renforcés de la troupe de Weybe-Hays, ils passèrent à l'île des conjurés, où était le reste de la troupe de Cornélis. Ceux qui y étaient demeurés perdirent courage aussitôt qu'ils virent aborder leur capitaine : ils rendirent les armes et se laissèrent mettre aux fers.

Après cet acte d'autorité, Chelsart donna tous ses soins à la recherche des marchandises et des effets précieux appartenant à la compagnie et dispersés dans l'île. Ils ne furent point infructueux; tout se retrouva. Ensuite il se porta sur le lieu du naufrage; il eut la douleur de voir le *Batavia* en mille pièces, la quille enfouie dans le sable, une partie de l'avant du vaisseau jetée par les vagues sur le rocher, et d'autres débris encore flottants. Un des matelots dit à Chelsart qu'un des jours de son absence, et le seul où ils eussent joui d'un beau temps, étant allé pêcher, le bout d'une pique avait donné contre une caisse remplie d'argent. Cette découverte ranima l'espérance du capitaine ; il se flatta de la recouvrer, ainsi que les autres. Le temps n'étant pas favorable, on résolut de différer cette recherche.

Le lendemain, Chelsart fit passer à la troupe de Weybe-Hays, dans son île, appelée depuis l'île de Weybe-Hays, les provisions dont elle manquait.

Le 25 septembre, le capitaine et le pilote, accompagnés de plongeurs guzarates, retournèrent aux débris : le ciel était serein et la mer était calme ; ils s'en approchèrent à la basse marée. Dès les premiers efforts on retrouva une caisse, une seconde fut encore repêchée, et l'on eut le bonheur d'en retirer ensuite trois autres.

Un vent violent soufflait du sud, et ne permettait point de travailler dans les débris ; mais il était favorable pour gagner Batavia. Chelsart, voulant en profiter, fit rassembler le conseil. Le résultat fut de mettre promptement à la voile ; on décida aussi de juger les prisonniers rebelles. Leur nombre et l'inquiétude que donnaient les marchandises et les effets qu'on avait sauvés du naufrage, l'emportèrent sur la considération qui était due au tribunal de la compagnie. D'après ces motifs, les coupables furent jugés et condamnés à être pendus. La sentence fut exécutée le 29. Le lendemain, Chelsart leva l'ancre avec un vent favorable. Il arriva en peu de temps, et ne tarda pas à faire voile pour sa patrie.

VIII

Naufrage de la chaloupe du vaisseau français *le Taureau*, dans une baie du cap Vert, sur la côte occidentale d'Afrique, en 1665.

Une flotte composée des vaisseaux *le Saint-Paul*, *le Taureau*, *la Vierge*, *le Bon-Port*, *l'Aigle-Blanc*, expédiée de France par la compagnie des Indes, arriva heureusement, le 3 mars 1665, à la vue du cap Vert. Les quatre vaisseaux entrèrent le lendemain dans la première baie après le cap, et mouillèrent à une demi-lieue du rivage. Aussitôt quatre chaloupes, chargées d'officiers, de soldats et de matelots, voguèrent vers un endroit de la côte où plusieurs nègres les attendaient sans armes et leur montraient l'abord le plus facile. Les chaloupes étant arrêtées à plus de six toises de la terre par le sable et la basse mer, une foule de nègres se jetèrent dans l'eau avec tant d'empressement pour transporter les Français au rivage, que les matelots mêmes y furent transportés aussi. Après avoir témoigné beaucoup de joie de l'arrivée de la flotte, ils firent entendre, en langue portugaise, que leur alcade ou vice-roi du canton aimait les Français, et qu'il recevrait volontiers leur visite.

Méron, amiral, et Rennefort, auteur de la relation du voyage, escortés par douze fusiliers, se firent conduire dans un village éloigné de six cents pas environ. Il était composé de près de cent cases rondes, de quatre à cinq pieds de hauteur. Les Français trouvèrent l'alcade assis sur une petite sellette de bois, au milieu de la cour de sa maisonnette. L'alcade était un nègre âgé d'environ quarante ans, bien fait, d'une contenance fière et sérieuse. Sa tête était couverte d'un turban de coton blanc et bleu; ses épaules, d'une sorte de tapis ou d'étoffe informe. Une autre pièce, connue sous le nom de pagne, le couvrait depuis la ceinture jusqu'aux genoux. Ses jambes et ses bras étaient nus, et sous les pieds il avait un morceau de cuir qui tenait lieu de sandales. Ses officiers étaient à terre, les uns étendus, d'autres assis sur leurs talons. Le principal conseiller, âgé de quatre-vingt-huit ans, se tenait accoudé sur les genoux de son maître.

Après les premières civilités, que l'alcade reçut et rendit gravement sans quitter sa sellette, les Français lui présentèrent un flacon d'eau-de-vie. Il en but un grand coup; le conseiller ayant suivi son exemple, à peine en resta-t-il pour le troisième. On convint ensuite de payer six bouteilles d'eau-de-vie, six aunes de toile et une barre de fer pour le droit d'ancrage de chaque chaloupe.

Pendant cet entretien, les femmes de l'alcade, qui étaient dans leurs cases, d'où la curiosité leur faisait montrer la tête à chaque instant, lui firent dire qu'elles désiraient beaucoup voir les Français. Il leur accorda cette satisfaction ; elles étaient vêtues à peu près comme les hommes.

Dans l'intervalle de la visite de l'amiral à l'alcade, les Français restés à bord furent témoins de la scène la plus affligeante. Quelques matelots de l'équipage du *Taureau,* et plusieurs passagers, au nombre de trente, étaient descendus dans la chaloupe : leur projet était de gagner la terre et de satisfaire leur curiosité sur l'intérieur du pays. M. Bossordée, un des deux missionnaires qui étaient sur le vaisseau, les accompagnait. Pendant le trajet, plusieurs jeunes gens s'étant poussés imprudemment, la chaloupe, trop surchargée d'un côté, fut prise d'une vague par le travers, et renversée dans les flots. Le sieur le Tourneur, lieutenant de vaisseau, était alors occupé à faire jeter des filets près du rivage, et la pêche avait déjà fourni de quoi rassasier plus de cent cinquante personnes, lorsqu'un coup de canon tiré à son bord lui fit abandonner cet amusement. Il vit le pavillon en berne, signal de détresse, une chaloupe assez éloignée, la quille en haut, des barils qui flottaient, et des hommes à la nage, dont les uns s'efforçaient de gagner la terre, et les autres de retourner vers le navire. Le Tourneur, justement alarmé du danger que couraient ces malheureux, se hâta de regagner le vaisseau. On avait déjà envoyé au secours avec la plus grande célérité les chaloupes qui étaient restées, et des canots conduits par des nègres. Ces petits bâtiments arrivèrent fort à propos à l'endroit du naufrage; plusieurs de ceux qui savaient nager commençaient à perdre leurs forces. Dix-huit Français furent sauvés; mais il en périt douze.

Parmi les particularités de ce naufrage, deux traits de générosité frappèrent vivement ceux qui en furent témoins. Un jeune Français nommé Plasson, qui nageait très-bien, voyant près de lui un autre jeune homme de ses amis qui ne savait pas nager, oublia le péril où il était lui-même pour le secourir, et lui dit de s'attacher à ses habits; mais les forces lui manquèrent, et ils périrent ensemble. Rare exemple d'amitié! s'écrie l'auteur de la relation du voyage.

Un autre Français, nommé Giron de la Martinete, joignit plus de prudence au même sentiment de générosité. Le fils du sieur Montauban, jeune enfant de dix ans, allait périr sous ses yeux : il le prit d'un bras, et, nageant de l'autre, il le monta sur la quille de la chaloupe renversée; ensuite, lui ayant recommandé de se laisser tourner par le mouvement de la vague, et de ne pas quitter le bois avant qu'on vînt le prendre, il se mit lui-même à la nage.

Son adresse, autant que sa force, lui fit atteindre un canot, dans lequel il monta. A peine y était-il, que, ce frêle bâtiment lui paraissant surchargé par les cinq hommes qui s'y trouvaient déjà, il ne balança point à s'élancer encore dans la mer pour nager bien loin vers le rivage; il eut le bonheur d'aborder à terre. Une chaloupe y amena aussi le jeune Montauban, qui put rendre longtemps témoignage à la générosité de son libérateur.

De tous ceux qui furent victimes de ce funeste événement, aucun n'excita des regrets plus vifs que M. Bossordée. Ce missionnaire s'était fait aimer et estimer par ses manières affables, son zèle et sa prudence. Au retour des chaloupes, lorsqu'on se fut assuré qu'il avait disparu au fond des eaux, le deuil fut universel dans la flotte. Les échappés du naufrage l'augmentèrent encore en rapportant les circonstances de sa mort : elles sont trop glorieuses à l'humanité et en même temps trop édifiantes, pour ne pas les présenter à la sensibilité de nos lecteurs.

M. Bossordée n'était point d'abord de la partie de ceux qui descendirent dans la chaloupe pour aller à terre; mais, lorsqu'il sut que leur projet était de passer deux à trois jours sur la côte, il s'offrit de lui-même à les accompagner, tant pour contenir ces jeunes gens, la plupart vifs et folâtres, en leur rappelant la solennité du jour (c'était le jeudi saint 4 mars 1665) et celle du lendemain, que pour leur administrer au besoin des secours spirituels.

La chaloupe à peine renversée, et ceux qui la montaient devenus le jouet des flots, le rivage et les vaisseaux trop éloignés pour en recevoir un prompt secours, cet homme vraiment apostolique résolut de sacrifier sa vie pour sauver celle des autres, ou du moins pour les préparer à une mort certaine : vigoureux et habile nageur, il n'usa de ces avantages que pour le salut des malheureux qu'il voyait près de devenir la proie de la mer. Il s'élance au milieu d'eux, élève la tête, et leur crie à tous d'offrir leur vie à Dieu, de se souvenir que, dans ces jours de deuil pour l'Église, Jésus-Christ était mort en expiation des péchés des hommes; qu'il était de la plus grande importance pour eux, dans ces derniers moments, de former un acte de repentance de ceux qu'ils avaient pu commettre. Il ajouta qu'il allait donner une absolution générale. Il la donna effectivement avec des paroles si touchantes et tant d'effusion de cœur, que tous en furent pénétrés ; ensuite il se tourna vers ceux qui lui paraissaient perdre le courage ou les forces, et allant de l'un à l'autre, il les soutenait d'une main, et, nageant quelques instants avec eux, il les exhortait à ne se point laisser aller au désespoir et à avoir confiance en la miséricorde divine. M. Bossordée continua cette mission pendant près de deux heures ; alors les forces lui manquèrent, il donna encore l'absolution à ceux qui étaient à sa portée, et, collant sa bouche sur un petit crucifix qu'il portait toujours suspendu à sa poitrine, on le vit tout à coup disparaître dans les flots. Si cet homme vénérable ne se fût occupé que de lui seul au milieu du danger, il aurait certainement pu gagner le rivage.

Quelques heures après le retour des chaloupes, on aperçut, dans l'éloignement, à peu de distance du lieu du naufrage, un corps qui flottait; plusieurs matelots furent envoyés pour le recueillir : c'était celui de M. Bossordée. Il avait conservé la même attitude qu'il avait eue dans ses derniers moments, une main sur sa poitrine, et la bouche collée sur le crucifix qu'il portait. Les restes de cet homme apostolique, rendus comme par un miracle, furent reçus dans le vaisseau avec tous les sentiments de la vénération et de la douleur. Presque tous les passagers et tous les matelots lui baisèrent les mains et les pieds, en les arrosant de leurs larmes.

IX

Naufrage du vaisseau hollandais *le Laosdun*, à l'embouchure du Gange, en 1672, et aventures de Lestra, navigateur français.

Lestra forma le dessein de passer dans les Indes pour satisfaire un besoin louable d'observations. Il s'embarqua au Port-Louis en Bretagne, le 4 mars 1672, pour Surate, sur le vaisseau de la compagnie française *le Saint-Jean-Baptiste*, commandé par le capitaine Herpin. L'équipage était de deux cent cinquante hommes. Il arriva au cap Vert le 16 mai, et à Surate le 26 octobre. La France avait alors deux comptoirs dans les Indes. Les directeurs français, anglais et hollandais, qui arrivaient dans les comptoirs de leur nation, étaient obligés, en rendant visite au gouverneur indien de la ville, d'observer quelques cérémonies humiliantes, et surtout de laisser leurs souliers à la porte d'une grande salle, pour marcher sur des tapis de brocart d'or; mais, en 1667, un directeur français se délivra de cette servitude en prenant des mules fort riches, avec lesquelles il ne fit pas de difficulté de fouler aux pieds le faste indien : les autres suivirent son exemple.

Lestra passa deux mois entiers à Surate, jusqu'au 25 décembre. Dans le courant de l'année 1672, il parcourut les mers et les principales contrées de l'Indoustan. Embarqué comme prisonnier, ainsi que plusieurs de ses compatriotes, sur le vaisseau hollandais *le Laosdun*, ce vaisseau n'attendait qu'un vent favorable pour traverser l'embouchure périlleuse du Gange, lorsque, le 17 septembre, le vent devint si contraire, que, malgré toute l'attention des matelots, le navire échoua sur un banc de sable. La marée et les lames d'eau l'élevaient de la hauteur d'une pique, et le laissaient retomber sur le banc avec tant de violence, que les mâts les plus forts et les haubans furent brisés. Le capitaine, pénétré de douleur et les larmes aux yeux, cria plusieurs fois : *Sauve qui peut ; et sauve sans harde!* ce qui causa beaucoup de confusion, parce que chacun voulait se rendre dans la grande barque, qui n'avait pas encore été retirée à bord. Les Hollandais repoussaient les prisonniers, et parlaient de les laisser périr avec un grand nombre d'esclaves qu'on avait achetés au Bengale ; mais le capitaine opposa toute son autorité à cette violence, et recommanda aux Français de lui porter leurs plaintes si quelqu'un manquait à l'obéissance jusqu'au dernier moment. Il ordonna même à un capucin, le P. Guillaume, de faire le devoir de son ministère. Ce vertueux moine donna l'absolution à tous ceux qui voulurent la recevoir, malgré les railleries des matelots hollandais qui s'efforçaient de le pousser dans la mer, criant aux Français qu'ils pouvaient mourir, puisque le père allait leur montrer le chemin. Ainsi leur brutalité semblait braver le péril. Cependant il ne pouvait être plus pressant. Le subrécargue (le commis marchand) n'ayant pu tirer de sa chambre des sacs remplis d'or, et sachant que le navire venait de s'ouvrir, se précipita dans la grande barque avec deux pilotes, et, s'étant armé d'un sabre, il voulut empêcher l'équipage d'y pénétrer à sa suite. Lestra y descendit avec le P. Guillaume et les autres Français. Ils s'y trouvèrent extrêmement pressés par le nombre, qui montait à cent dix hommes. Le capitaine s'embarqua le dernier dans sa chaloupe, avec vingt-cinq hommes et les plus habiles nageurs; mais ils eurent le malheur de périr.

Ce qu'il y eut encore de déplorable dans ce naufrage, ce fut la perte d'environ cent jeunes esclaves des deux sexes, tous entre dix-huit et vingt ans. La plupart des filles étaient vêtues à la manière du Bengale, avec de longs pagnes de différentes couleurs, des colliers, des bracelets et une sorte de coiffure qui n'est pas sans agrément. Elles se couvrirent le visage, et, mêlant leurs prières à celles des garçons, qui invoquaient le secours de leurs dieux, cette malheureuse troupe se jeta dans la mer, à l'exception de sept jeunes hommes qui se mirent sur un mât de hune, à la faveur duquel ils gagnèrent, avec des planches qui leur servirent de rames, une île du Gange. Ils avaient passé cinq jours et cinq nuits à la merci des flots et sans aucune nourriture qu'un peu de riz, que l'un d'entre eux avait emporté dans un sac pendu à son cou.

Le vent changea le jour suivant; on s'approcha de la terre, où Lestra et les autres eurent la liberté de descendre pour attendre quelques navires faisant route pour Batavia. Ils se reposèrent pendant quelques jours.

Après un grand nombre de traverses, l'auteur de la relation revint en France. Guéri de sa passion pour les voyages, il n'eut plus d'ardeur que pour aller chercher le repos dans sa maison, où il arriva le 1er août 1674.

X

Relation du naufrage d'une frégate espagnole sur les côtes de la Nouvelle-Espagne, entre l'île Del Cagno et le port de Caldera, mer du Sud, en 1678.

« Je sortis de Lima, capitale du Pérou, en 1678, pour me rendre à Callao, et m'y embarquer sur une frégate que je devais commander, dit un capitaine espagnol, dont Lionnel Walfer, chirurgien anglais, rapporte les propres impressions dans l'histoire de ses voyages. Cette frégate était chargée de farine, d'un grand nombre de caisses et de confitures. Nous mîmes à la voile le 10 mai, et, croyant arriver, comme à l'ordinaire, en moins de neuf jours à la Caldera, nous nous trouvâmes, au bout de quinze, obligés de jeter l'ancre à l'embouchure du Menglarès, qui descend du Chiriqui, haute montagne fameuse par ses mines d'or. Là je descendis, avec quelques personnes de l'équipage, pour me fournir des provisions qui commençaient à manquer.

« Nous étant remis en mer, nous fûmes extrêmement battus des flots durant les huit jours qui devaient suffire, à notre compte, pour arriver au port où nous devions nous rendre. Le neuvième, sur les quatre heures du soir, nous fûmes assaillis de furieuses bourrasques, et, sans pouvoir nous en défendre, l'orage et la mer nous poussèrent sur une côte si remplie d'écueils, que, si nous eussions été jetés une portée de mousquet plus avant, le vaisseau se serait brisé en mille pièces, et nous aurions tous péri, ne rencontrant aucune plage sur cette terre hérissée de rochers. Pour nous délivrer d'un danger si pressant, nous mîmes aussitôt la chaloupe à l'eau et nous tâchâmes de la remorquer en pleine mer, à l'aide de huit rameurs des plus vigoureux. Nous y travaillâmes avec tant de concert et de diligence, que nous y réussîmes. La tempête, et les efforts que nous avions faits pour nous tirer de ce dernier péril, nous avaient fort fatigués; aussi nous trouvâmes-nous dans un si grand épuisement, que vers le minuit, sans savoir comment, le vaisseau, par la mauvaise garde qu'on y faisait, passa parmi les écueils et porta sur l'un d'entre eux, en glissant avec tant d'impétuosité, que tous les sabords du côté de bâbord en furent brisés.

« Au bruit que nous entendîmes, nous nous crûmes perdus, nous imaginant avec assez de raison que la quille avait touché; mais nous ne pûmes nous en assurer sur-le-champ, parce que la nuit était si obscure, qu'on ne pouvait rien distinguer. La certitude de notre malheur nous fit passer le reste de la nuit dans la plus grande inquiétude, quoique l'orage se fût dissipé. Heureusement, le jour étant venu, nous reconnûmes que nous avions eu plus de peur que de mal. Le vent ayant paru alors être favorable, je fis rehausser les voiles; mais nous n'en jouîmes pas longtemps, car dans les quatre jours suivants il changea plus de six fois. Enfin, après avoir bien louvoyé de côté et d'autre, nous nous retrouvâmes à l'embouchure de la même rivière où nous avions renouvelé nos provisions.

« Nous comptions arriver en deux jours au port tant désiré de la Caldera; mais les hommes sont sujets à se tromper dans leurs jugements. Il arriva que le ciel, qui était clair et serein, changea tout à coup. Le soleil venait de quitter l'horizon, lorsque le pilote fit baisser les voiles, craignant la tempête dont nous menaçait une petite nuée noire qui s'approchait : elle ne fut pas plutôt sur nous que, s'étendant et ouvrant son sein, elle versa sur la frégate des torrents de pluie, éclairant et tonnant de manière à causer de l'épouvante aux plus intrépides. Il se faisait un mélange de lumière et d'obscurité qui, nous frappant d'horreur, ne laissait pas de nous aider, parce que les éclairs, qui nous environnaient en quelque sorte, nous aidaient à faire la manœuvre. Nous nous fatiguions cependant sans que cela nous fût d'aucune utilité : nous prîmes donc le parti de laisser voguer notre misérable bâtiment au gré des vents et des flots.

Enfin l'orage cessa avec le jour; mais comme le soleil était couvert, et que la même nuée nous environnait toujours, nous ne pouvions nous promettre du beau temps. Le pilote voulait tâcher de découvrir à quelle hauteur nous étions; mais, quelques observations qu'il pût faire suivant les règles de son art, il ne put même s'éclairer par conjectures. Je le fis appeler dans ma chambre, et lui demandai si nous ne ferions pas bien de chercher sur la côte quelque lieu sûr et abrité du vent et de la marée pour nous y retirer jusqu'au retour du beau temps, plutôt que de nous opiniâtrer à errer ainsi à l'aventure, dans l'incertitude et dans le danger d'un orage qui pourrait enfin amener notre perte. Le pauvre homme, les larmes aux yeux, ne put me répondre autre chose, sinon que ses péchés étaient sans doute la cause du mauvais succès de notre voyage, et qu'il ne savait que faire, parce que les matelots ne voulaient pas lui obéir. Je les fis appeler; et, les ayant questionnés, ils répondirent tous qu'ils croyaient être fort proches de la Caldera, comme on pourrait le reconnaître dès que le soleil se découvrirait.

« Dans cette espérance, nous continuâmes de croiser de côté et d'autre sur la même hauteur, durant cinq jours. Le sixième parut serein tel qu'on pouvait le souhaiter. Alors le pilote observa le soleil et sa boussole; il nous assura que nous n'étions certainement qu'à dix lieues du port, et que bientôt nous découvririons la terre. Nous déployâmes aussitôt toutes les voiles; néanmoins nous naviguâmes jusqu'à la nuit sans l'apercevoir. Le lendemain, il persista encore dans son sentiment jusqu'à midi; alors il découvrit de hautes montagnes qu'il fut près de deux heures à pouvoir reconnaître. Enfin, après les avoir bien observées, il dit, avec beaucoup de trouble et d'altération, que c'étaient les montagnes de Chiriqui, où les courants nous avaient encore rejetés.

« On ne peut se figurer quel fut le chagrin de tous les passagers quand ils apprirent cette nouvelle. Ils vomirent des imprécations contre le pilote et contre moi; nous eûmes assez de peine à calmer leur colère. On proposa de nous arrêter à Chiriqui, en disant qu'ensuite nous pourrions continuer notre navigation avec plus de bonheur. Le pilote, venant à l'appui de la proposition, plus hardi ou plus effronté que jamais, jura qu'il arriverait au port de Caldera avant qu'il fût cinq jours. Nous étions encore munis de vivres, nous mîmes à la voile. Dès le lendemain il s'éleva un vent si gai, qu'avec une partie des voiles seulement nous crûmes avoir fait une des plus grandes journées de notre navigation; mais le jour suivant le ciel se couvrit de nouveau, le vent cessa, et le plaisir que nous avions ressenti d'aller si vite fut bien diminué, quand nous aperçûmes, au bout de douze jours, que nous n'avions pas fait beaucoup de chemin, les courants contraires nous faisant presque autant reculer la nuit que nous avions avancé le jour. Cependant les provisions s'épuisèrent, et nous n'étions plus à Chiriqui pour en prendre de nouvelles. Enfin la nécessité en vint à ce point que, n'ayant plus pour nourriture qu'un peu de maïs, il fut partagé entre tous par portions égales. Ce maïs étant consommé, il fallut composer une capilotade des membres coriaces d'un vieux barbet qui avait fait jusque-là mes délices. Tout l'équipage se jeta avec avidité sur ce mets peu ragoûtant, et chacun n'en eut pas de quoi se satisfaire. L'équipage était abondamment pourvu de vin; aussi l'usage immodéré qu'on en avait fait n'avait pas peu contribué au mauvais gouvernement de la frégate.

« Tandis que les matelots et le pilote buvaient sans mesure, au milieu d'une nuit noire, les passagers et moi nous dormions dans la plus grande sécurité. Cependant, vers deux heures après minuit, m'étant réveillé en sursaut au bruit des vagues qui frappaient avec impétuosité contre les rochers de la côte, je m'écriai tout étonné : « Qu'est-ce donc que ceci, seigneur pilote? Entrons-nous déjà dans le port ? » A cette demande deux ou trois fois réitérée, le pilote sortit de son ivresse; et, s'étant levé de dessus sa chaise pour s'en éclaircir, il vit avec épouvante la frégate si mal conduite, qu'elle allait heurter contre un roc qu'on avait eu peine à distinguer jusque-là à cause de l'affreuse obscurité que répandait aux environs l'ombre d'une haute montagne couverte d'arbres. Il cria aussitôt aux matelots : « Tourne arrière ! » Mais il n'était plus temps, et notre infortuné bâtiment, poussé avec violence par le vent et la marée, heurta presque dans le moment contre l'écueil, et avec une telle force, qu'un des côtés en fut fracassé; une montagne d'eau, qui venait se briser contre le rocher, s'élevant au retour du côté de la frégate, entra dans la chambre de la poupe par les ouvertures des côtés, et l'inonda tout entière.

« Alors ce ne fut, dans le vaisseau, que clameurs effroyables et désolation. Rien ne peut égaler le trouble et la confusion qui régnaient partout : quelques-uns, réveillés en sursaut, criaient comme les autres quoique à demi endormis et sans savoir encore pourquoi. Le bruit, l'obscurité, les gémissements, tout augmentait l'effroi. Ce qu'il y avait de plus déplorable, c'est que nous voyions bien tous que nous étions perdus, et que nul ne pouvait dire par quel étrange revers, près d'entrer dans le port, nous étions engloutis par les eaux; moi-même je n'en savais pas plus que les autres. Dans une si grande consternation, les uns, à genoux sur le tillac, adressaient des vœux au Ciel pour leur salut; d'autres, les mains jointes, demandaient à Dieu miséricorde; quelques-uns même révélaient à haute voix leurs péchés les plus secrets.

« Pour moi, je conservai le sang-froid que Dieu m'a donné, et que j'ai le bonheur de ne jamais perdre, en quelque péril que je me trouve. Voyant qu'ils allaient tous périr faute de prendre le seul parti qui leur convînt dans l'extrémité où nous nous trouvions, j'encourageai ces malheureux à travailler utilement et diligemment à se sauver. Je leur persuadai d'abord de couper les mâts et de nous saisir de toutes les planches, poutres et autres choses qui pouvaient nous soutenir sur l'eau et nous aider à gagner à la nage quelque lieu du rivage qui fût propre à aborder; j'ordonnai ensuite qu'on jetât à la mer tout ce qui par sa pesanteur pouvait faire submerger trop promptement le vaisseau. Avec ces précautions et le secours des pompes, je retardai le naufrage jusqu'aux premiers rayons de l'aurore.

« Mais ce qui nous servit plus que tout le reste, ce fut le conseil que je leur donnai de prendre à deux une longue et menue corde qu'ils tenaient chacun par un bout. Cet expédient sauva la vie à plusieurs; car lorsque la frégate, ouverte des deux côtés, eut coulé bas malgré le secours des pompes, tout le monde se voyant obligé de se jeter à la nage sur les planches ou rouleaux de bois dont on pouvait se saisir pour essayer de gagner la terre, il arriva que le premier qui y abordait tirait après lui son compagnon qui tenait l'autre bout de sa corde, et qui fort souvent était sur le point de se noyer. Je tirai de cette manière le pilote, quoiqu'il ne le méritât point.

Nous échappâmes presque tous à ce danger, à la réserve de cinq ou six qui furent poussés avec violence par des coups de mer en donnant de la tête contre les écueils et contre le vaisseau même.

« Quelques heures après le naufrage, la marée, s'étant retirée, laissa la frégate presque à sec, de sorte qu'il nous fut aisé de retirer tout ce qu'il y avait dedans et de le transporter à terre; mais nous commençâmes par rendre grâces à Dieu de nous avoir conservé la vie. Après quoi j'invitai mes camarades à choisir quelqu'un d'entre eux pour les gouverner (le capitaine d'un vaisseau brisé ou submergé perd son commandement). Ils me prièrent tous, d'une commune voix, de prendre ce soin.

« Je résolus d'aller à la découverte avec quelques-uns de mes gens. Il nous fallut marcher dans des bois très-épais, dans des chemins très-difficiles, traverser cinq ou six fleuves sur des radeaux. J'étais excédé de fatigue; j'avais les pieds déchirés; mes compagnons avaient eu la complaisance de me porter tour à tour, quoique je les eusse conjurés de me laisser sur la route. J'eus lieu de connaître combien il est utile de se faire aimer de ses inférieurs. Trois matelots furent envoyés à la découverte d'une riche ferme, que le pilote nous avait assurés être située à quatre lieues de l'endroit où nous étions, et appartenant à un bourgeois de la ville d'Esparza, dans la province de Costa-Rica. Pour le coup notre pilote avait eu raison; nous vîmes paraître sur la rivière, au bord de laquelle nous étions restés, un grand radeau monté par plus de vingt personnes conduites par le bon curé de la ville d'Esparza. Ce digne pasteur, poussé par un mouvement de charité, venait au-devant de nous avec ses domestiques et ses amis, et toutes les provisions qu'il avait pu ramasser.

« Comblé des attentions et des soins de personnes généreuses, pour qui la bienfaisance n'est pas un mot vide de sens, je passai un mois à Esparza; j'en partis avec de bons guides et des lettres de recommandation pour le vice-roi de la Nouvelle-Espagne. »

XI

Naufrage de *Duccum Chamnan*, mandarin siamois, au cap des *Aiguilles*, à l'extrémité méridionale de l'Afrique, en 1686.

« Le roi de Portugal avait envoyé au roi de Siam une célèbre ambassade pour renouveler leurs anciennes alliances, et aussi dans des vues de commerce, dit le mandarin Duccum Chamnan, dont le jésuite Tachard a écrit la relation sous sa dictée; le monarque siamois se crut obligé de répondre à cette marque extraordinaire de considération, en faisant partir trois grands madarins, revêtus de la qualité d'ambassadeurs, et six autres d'un ordre inférieur, pour se rendre à la cour de Portugal. Ils s'embarquèrent pour Goa, vers la fin du mois de mars 1684, sur une frégate siamoise commandée par un capitaine portugais. Quoique Goa ne soit pas fort éloigné de Siam, ils employèrent plus de cinq mois dans cette route. Soit défaut d'habileté dans les officiers et les pilotes, soit opiniâtreté des vents, ils ne purent y arriver qu'après le départ de la flotte portugaise : ainsi leur navigation vers l'Europe fut différée d'une année presque entière.

« Au bout de onze mois de séjour, les ambassadeurs s'embarquèrent enfin pour l'Europe sur un vaisseau portugais de cent cinquante hommes d'équipage et de trente pièces de canon. Outre les ambassadeurs et leur suite, il s'y trouvait aussi plusieurs religieux de divers ordres et un grand nombre de passagers créoles, indiens et portugais. On mit à la voile de la rade de Goa le 27 janvier 1686. La navigation fut heureuse jusqu'au 27 avril.

« Ce jour même, au coucher du soleil, on avait fait monter sur les mâts et les vergues du navire plusieurs matelots pour reconnaître la terre qu'on voyait alors devant nous, un peu à côté sur la droite, et qu'on avait aperçue depuis trois jours. Sur le rapport des matelots et sur d'autres indices, le capitaine et le pilote jugèrent, mais à tort, que c'était le cap de Bonne-Espérance. On continua la route dans cette supposition, jusqu'à deux à trois heures après le soleil couché, qu'on se crut au delà des terres qu'on avait reconnues. Alors, changeant de route, on porta un peu plus vers le nord. Comme le temps était clair et le vent très-frais, le capitaine, persuadé qu'on avait doublé le cap, ne mit personne en sentinelle sur les vergues. Les matelots du quart veillaient, à la vérité; mais c'était pour les manœuvres, ou pour se réjouir ensemble : ce qu'ils faisaient avec tant de confusion, qu'aucun ne s'aperçut du danger. Je fus le premier qui découvris la terre. Je ne sais quel pressentiment du malheur qui nous menaçait m'avait fait passer une nuit si inquiète, qu'il m'avait été impossible de fermer l'œil pour dormir. Dans cette agitation, j'étais sorti de ma chambre, et je m'amusais à considérer le navire, qui semblait voler sur les eaux. En regardant un peu plus loin, j'aperçus tout à coup sur la droite une ombre épaisse et peu éloignée de nous. Cette vue m'épouvanta; j'en avertis le pilote, qui veillait au gouvernail. Au même instant, on cria de l'avant du vaisseau : *Terre, terre, devant nous! Nous sommes perdus; virez de bord!* Le pilote fit aussitôt pousser le gouvernail pour changer de route; mais nous étions si près du rivage, qu'en virant, le navire donna trois coups de sa poupe sur une roche et perdit aussitôt son mouvement. Ces trois secousses furent très-rudes. On crut le vaisseau crevé, on courut à la pompe. Cependant, comme il n'était pas encore entré une seule goutte d'eau, l'équipage fut un peu rassuré.

« On s'efforça de sortir d'un si grand danger en coupant les mâts et en déchargeant le vaisseau; mais on n'en eut pas le temps. Les flots que le vent poussait au rivage y portèrent aussi le bâtiment. Des montagnes d'eau, qui allaient se rompre sur les brisants avancés dans la mer, soulevaient le vaisseau jusqu'aux nues et le laissaient retomber sur les rochers avec tant de vitesse et d'impétuosité, qu'il n'y put résister longtemps. On l'entendait craquer de tous côtés. Les parties se détachaient les unes des autres, et l'on voyait cette grosse masse de bois s'ébranler, plier et se rompre de toutes parts avec un fracas épouvantable. Comme la poupe avait touché la première, elle fut aussi la première enfoncée. En vain les mâts furent coupés, et les canons jetés à la mer avec les coffres et tout ce qui était de poids, pour soulager le corps du bâtiment : il toucha si souvent, que, s'étant ouvert enfin sous la sainte-barbe (lieu où l'on renferme les poudres), l'eau, qui y entrait abondamment, eut bientôt gagné le premier pont et rempli la sainte-barbe. Elle monta jusqu'à la grand'chambre, et peu d'instants après elle était à hauteur de ceinture sur le second pont.

« A cette vue, il s'éleva de grands cris. Chacun se réfugia sur l'étage le plus haut du navire, mais avec une confusion qui augmenta le danger. L'eau continuant de monter, nous vîmes le vaisseau s'enfoncer insensiblement jusqu'au moment où, la quille ayant atteint le fond, il demeura quelque temps immobile dans cet état.

« Il serait difficile de représenter l'effroi et la consternation qui se répandirent dans tous les esprits, et qui éclatèrent par des cris et des sanglots. On se croisait, on se heurtait à tout moment l'un contre l'autre. Les clameurs et le tumulte étaient tels, qu'on n'entendait plus le fracas du vaisseau qui se rompait en mille pièces, ni le bruit des vagues qui se brisaient sur les rochers avec une furie incroyable. Cependant, après s'être livrés à des gémissements inutiles, ceux qui n'avaient pas encore pris le parti de se jeter à la nage pensèrent à se sauver par d'autres voies. On fit plusieurs radeaux des planches et des mâts du navire. Les malheureux à qui la frayeur avait fait négliger ces précautions furent engloutis dans les flots ou écrasés par la violence des vagues, qui les jetaient sur les rochers du rivage.

« Mes craintes furent d'abord aussi vives que celles des autres ; mais lorsqu'on m'eut assuré qu'il y avait encore quelque espérance de se sauver, je m'armai de résolution. J'avais deux habits assez propres que je vêtis l'un sur l'autre; m'étant mis ensuite sur quelques planches liées ensemble, je m'efforçai de gagner à la nage le bord de la mer. Notre second ambassadeur, le plus robuste et le plus habile des trois à nager, était déjà dans l'eau; il s'était chargé de la lettre du roi qu'il avait attachée à la poignée d'un sabre dont Sa Majesté lui avait fait présent. Ainsi nous arrivâmes tous les deux à terre presque en même temps. Plusieurs Portugais s'y étaient déjà rendus; mais ils n'avaient fait que changer de péril. Ceux qui étaient encore dans le vaisseau pouvaient être noyés, il n'y avait pas plus de ressource à terre contre la faim. Nous étions sans eau, sans vin et sans biscuit. Le froid d'ailleurs était très-piquant, et j'y étais d'autant plus sensible, que la nature ne m'y avait point accoutumé. Je compris qu'il me serait impossible d'y résister longtemps. Cette idée me suggéra la résolution de retourner le lendemain au vaisseau pour y prendre des habits plus épais que les miens, et de quoi me nourrir. Les Portugais d'un certain rang avaient été logés sur le premier pont; je m'imaginai que je trouverais dans leurs cabanes des choses précieuses, surtout de bonnes provisions de bouche, qui satisferaient le plus impérieux de nos besoins. Je me remis sur une espèce de claie, et je nageai heureusement jusqu'au vaisseau. Il ne me fut pas facile d'y aborder, parce qu'il paraissait encore au-dessus de l'eau. Je m'étais flatté d'y trouver de l'or, des pierreries ou quelques meubles précieux, qu'il n'eût pas été difficile de porter; mais en arrivant je vis toutes les chambres remplies d'eau, de sorte que je ne pus emporter que quelques pièces d'étoffes d'or; j'y joignis une petite cave de six flacons de vin et un peu de biscuit, qui se trouvèrent dans la cabane d'un pilote. J'attachai ce petit butin sur la claie, et, la poussant devant moi avec beaucoup de peine et danger, j'arrivai une seconde fois au rivage, quoique bien plus fatigué que la première.

« J'y rencontrai quelques Siamois qui s'étaient sauvés

nus. La compassion que je ressentis de leur misère en les voyant trembler de froid m'engagea à leur faire part des étoffes que j'avais apportées du vaisseau; mais, craignant que, si je leur confiais la cave, elle ne durât pas longtemps entre leurs mains, je la donnai à un Portugais qui m'avait toujours marqué beaucoup d'amitié, à condition néanmoins que nous en partagerions l'usage. Dans cette occasion, je reconnus combien l'amitié est faible contre la nécessité. Cet ami me donna un demi-verre à boire pendant les deux ou trois premières journées, dans l'espérance de trouver une source ou un ruisseau. Mais lorsqu'on se vit pressé de la soif, et qu'on craignit de ne pas trouver d'eau douce pour se désaltérer, en vain le pressai-je de me communiquer un secours qu'il tenait de moi : il me répondit qu'il ne l'accorderait pas à son père. Le biscuit ne put nous servir, parce que l'eau de la mer dont il avait été trempé lui donnait une amertume insupportable.

« Aussitôt que le monde se fut rendu à terre, ou du moins qu'il ne parut plus devoir sortir personne du vaisseau, on compta ceux qui avaient gagné le rivage, et nous nous trouvâmes environ deux cents, d'où l'on conclut qu'il ne s'en était noyé que sept ou huit, et cela pour avoir mis trop d'empressement à se sauver. Quelques Portugais avaient eu la précaution d'emporter des fusils et de la poudre pour se défendre des Cafres (sorte de nègres très-méchants), et pour tuer du gibier dans les bois. Ces armes nous furent fort utiles pour faire du feu pendant toute la durée de notre voyage jusqu'aux habitations hollandaises, mais surtout les deux premières nuits que nous passâmes sur le rivage tout dégouttants de l'eau de la mer. Le froid était alors si douloureux, que, si l'on n'eût allumé du feu pour faire sécher nos habits, peut-être aurions-nous trouvé tous dans une prompte mort le remède de nos peines.

« Le second jour après notre naufrage, qui était un dimanche, les Portugais ayant fait leurs prières, nous nous mîmes en chemin. Le capitaine et les pilotes nous disaient que nous n'étions pas à plus de vingt lieues du cap de Bonne-Espérance, où les Hollandais avaient une nombreuse habitation, et que nous n'avions besoin que d'un jour ou deux pour y arriver. Cette assurance détermina ceux qui avaient emporté quelques vivres du vaisseau à les abandonner, dans l'espoir qu'avec ce fardeau de moins ils marcheraient plus vite et plus facilement. Nous entrâmes aussi dans les bois, ou plutôt dans les broussailles, car nous vîmes peu de grands arbres dans tout le cours de notre voyage. On marcha tout le jour, et l'on ne s'arrêta que deux fois pour prendre un peu de repos. Comme on n'avait presque rien apporté pour manger, on commença bientôt à ressentir les premières atteintes de la faim et de la soif, surtout après avoir marché avec beaucoup de diligence à l'ardeur du soleil dans l'espérance d'arriver le même jour chez les Hollandais. Sur les quatre heures après midi, nous trouvâmes une grande mare d'eau qui servit beaucoup à nous soulager. Chacun y but à loisir. Les Portugais furent d'avis de passer le reste du jour sur les bords de cet étang. On fit des feux. Ceux qui purent trouver dans l'eau quelques cancres les firent rôtir et les mangèrent; d'autres, en plus grand nombre, après avoir bu une seconde fois, prirent le parti de se livrer au sommeil, bien plus abattus par la fatigue d'une si longue marche que par la faim qui les tourmentait depuis deux jours qu'ils avaient passés à jeun.

« Le lendemain, après avoir bu pour la soif future, on partit de grand matin. Les Portugais prirent les devants, parce que notre premier ambassadeur était d'une faiblesse et d'une langueur qui ne lui permettaient pas de faire beaucoup de diligence. Nous fûmes obligés de nous arrêter avec lui. Mais, comme il ne fallait pas perdre un moment de vue les Portugais, nous prîmes le parti de nous diviser en trois troupes. La première suivait toujours à vue les derniers Portugais; et les deux autres, marchant dans la même distance, prenaient garde aux signaux dont on était convenu avec la première bande, pour avertir lorsque les Portugais s'arrêteraient ou changeraient de route. Nous trouvâmes quelques petites montagnes, qui nous causèrent beaucoup de peine à traverser. Cependant, avec tous nos efforts, il nous fut impossible de conduire avant le soir notre ambassadeur à l'endroit où nous nous flattions de trouver de l'eau. Pour comble de malheur, les Portugais nous quittèrent, en déclarant qu'ils n'avaient pas voulu nous attendre, sous prétexte qu'il n'y avait aucun avantage pour nous à souffrir la faim et la soif avec eux, et qu'ils nous serviraient plus utilement en se hâtant de marcher pour se mettre en état de nous envoyer des rafraîchissements.

« A cette triste nouvelle le premier ambassadeur fit assembler tous les Siamois qui étaient restés près de lui. Il nous dit qu'il se sentait si faible et si fatigué, qu'il lui était impossible de suivre les Portugais; qu'il exhortait ceux qui se portaient bien à faire assez de diligence pour les rejoindre, et que les maisons hollandaises ne pouvaient être éloignées; il leur ordonna seulement de lui envoyer un cheval et une charrette avec quelques vivres, pour le porter au Cap s'il était encore en vie. Cette séparation nous affligea beaucoup; mais elle était nécessaire. Il n'y eut qu'un jeune homme âgé d'environ quinze ans, fils d'un mandarin, qui ne voulut pas quitter l'ambassadeur, dont il était fort aimé et pour lequel il avait aussi beaucoup d'affection : la reconnaissance et l'amitié lui firent prendre la résolution de mourir ou de se sauver avec lui, sans autre suite qu'un vieux domestique, qui ne put se résoudre non plus à quitter son maître.

« Le second ambassadeur, un autre mandarin et moi, nous prîmes congé de lui, après l'avoir assuré de le secourir aussitôt que nous en aurions le pouvoir; et nous nous remîmes en chemin avec nos gens, dans le dessein de suivre les Portugais, tout éloignés qu'ils étaient de nous. Un signal que nos Siamois les plus avancés nous firent du haut d'une montagne augmenta notre courage, et nous fit doubler le pas; mais nous ne pûmes les rejoindre que vers dix heures du soir. Ils nous dirent que les Portugais étaient encore fort loin; nous découvrîmes, en effet, leur camp à quelques feux qu'ils y avaient allumés. L'espérance d'y trouver du moins de l'eau ranima notre courage. Après avoir continué de marcher l'espace de deux grandes heures au travers des bois et des rochers, nous y arrivâmes avec des peines incroyables. Les Portugais étaient postés sur la croupe d'une haute montagne, après y avoir fait un grand feu autour duquel ils s'étaient endormis. Chacun demanda d'abord où était l'eau; un Siamois eut l'humanité de m'en apporter, car le ruisseau qu'on avait découvert était assez loin du camp, et je n'aurais pas eu la force de m'y traîner. Je m'étendis auprès du feu; le sommeil me prit dans cette posture jusqu'au lendemain, que le froid me réveilla.

« Je me sentis si affaibli et pressé d'une faim si cruelle, qu'ayant souhaité mille fois la mort, je résolus de l'attendre dans le lieu où j'étais couché. Pourquoi l'aller chercher plus loin avec de nouveaux tourments? Mais ce mouvement de désespoir se dissipa bientôt à la vue des Siamois et des Portugais, qui, n'étant pas moins abattus que moi, ne laissaient pas de se mettre en chemin dans l'espoir de conserver leur vie. Je ne pus résister à leur exemple. L'exercice de mes jambes me rendit un peu de chaleur. La faim qui les pressait, ainsi que moi, leur fit mettre le feu à des herbes demi-sèches, pour y chercher quelques serpents qu'ils pussent dévorer. Un d'entre eux qui s'était un peu éloigné trouva des feuilles sur le bord de l'eau : il eut la hardiesse d'en manger, quoiqu'elles fussent amères, et il sentit sa faim apaisée. Il vint annoncer aussitôt cette bonne nouvelle à toute la troupe, qui courut avec empressement et qui en mangea avec avidité. Nous passâmes ainsi la nuit.

« Le lendemain, qui était le cinquième jour de notre marche, nous partîmes de grand matin, persuadés que nous ne pouvions manquer ce jour-là de trouver des habitations hollandaises. Cette idée renouvela nos forces. Après avoir marché sans interruption jusqu'à midi, nous aperçûmes loin de nous quelques hommes sur une hauteur : personne ne douta que nous ne fussions au terme de nos souffrances, et nous nous avançâmes avec une joie qui ne peut être exprimée : c'étaient trois ou quatre Hottentots sauvages, du cap de Bonne-Espérance, qui, nous ayant découverts les premiers, venaient, armés de leurs zagaies (courtes lances), pour nous reconnaître. Leur crainte parut égale à la nôtre, à la vue de notre troupe nombreuse et de nos fusils; cependant nous nous persuadâmes que leurs compagnons n'étaient pas éloignés, et, nous croyant au moment d'être massacrés par ces barbares, nous prîmes le parti de les laisser approcher, dans l'idée qu'il valait mieux en finir avec notre malheureuse existence que de la prolonger de quelques jours, pour la perdre enfin dans des tourments plus cruels que la mort même. Mais lorsqu'ils eurent reconnu d'assez loin que nous étions en plus grand nombre qu'ils ne l'avaient jugé d'abord, ils s'arrêtèrent pour nous attendre à leur tour; et, nous voyant approcher, ils prirent le devant en nous faisant signe de les suivre, et en nous montrant avec le doigt quelques maisons, c'est-à-dire trois ou quatre misérables cabanes qui se présentaient sur une colline; ils prirent un petit sentier par lequel ils nous menèrent vers un autre village, avec les mêmes signes, pour nous engager à marcher sur leurs traces, quoiqu'ils tournassent souvent la tête et qu'ils parussent nous observer d'un air de défiance. En arrivant à ce village qui était composé d'une quarantaine de cabanes couvertes de branches d'arbres, dont les habitants étaient au nombre de quatre à cinq cents personnes, leur confiance augmenta jusqu'à s'approcher de nous et à nous considérer à loisir. Ils prirent plaisir à regarder particulièrement les Siamois, comme s'ils eussent été frappés de leur habillement. Cette curiosité nous parut bientôt importune. Quelques-uns nous répétaient seulement ces deux mots : « Tabac, pataque. » Je leur offris deux gros diamants, que le premier ambassadeur m'avait donnés au moment de notre séparation; mais cette vue les toucha peu. Enfin le premier pilote, qui avait quelques pataques, seule monnaie qui soit connue de ces barbares, leur en donna quatre, pour lesquelles ils amenèrent un bœuf qu'ils ne vendent ordinairement aux Hollandais que sa longueur de tabac. Mais de quel secours pouvait être un bœuf entre tant d'hommes à demi morts de faim, qui n'avaient vécu depuis six jours entiers que de quelques feuilles d'arbres! Le pilote n'en fit part qu'aux gens de sa nation et à ses meilleurs amis ; aucun Siamois n'en put obtenir un morceau. Ainsi nous eûmes le chagrin de ne recevoir aucun soulagement, à la vue non-seulement de ceux qui satisfaisaient leur faim, mais de quantité de bestiaux qui paissaient dans la campagne. Les Portugais ne nous défendirent pas moins de toucher aux troupeaux des Hottentots qu'au bœuf qu'ils avaient fait cuire, et nous menaçaient de nous abandonner à la fureur de ces barbares.

« Un mandarin, voyant que les Hottentots refusaient l'or monnayé, prit le parti de se parer la tête de certains ornements d'or, et parut devant eux dans cet état; cette nouveauté leur plut; ils lui donnèrent un quartier de mouton pour ces petits ouvrages, qui valaient plus de cent pistoles. Nous mangeâmes cette viande à demi crue; mais elle ne fit qu'aiguiser notre appétit. J'avais remarqué que les Portugais avaient jeté la peau de leur bœuf après l'avoir écorché; ce fut un trésor pour moi; j'en fis confidence au mandarin qui m'avait sauvé de mon propre désespoir : nous allâmes chercher cette peau ensemble, et, l'ayant heureusement trouvée, nous la mîmes sur le feu pour la faire griller; elle ne nous servit que pour deux repas, parce que, les autres Siamois nous ayant découverts, il fallut partager avec eux notre bonne fortune.

« Un Hottentot s'étant arrêté à considérer les boutons d'or à mon habit, je lui fis entendre que, s'il voulait me donner quelque chose à manger, je lui en ferais volontiers présent. Il me témoigna qu'il y consentait; mais, au lieu d'un mouton que j'espérais, il ne m'apporta qu'un peu de lait, dont il fallut paraître content.

« Nous passâmes une nuit au pied d'une montagne. Le soleil n'étant pas encore couché, on se répandit de tous côtés sans rien trouver qui pût servir d'aliment. De tous les Siamois je fus le seul à qui le hasard offrit de quoi souper. J'avais cherché des herbes et des fleurs, et n'en ayant trouvé que de fort amères je m'en retournais après m'être inutilement fatigué, lorsque j'aperçus un serpent; il était gros comme le poing et aussi long que le bras. Je le poursuivis dans sa fuite, et je le tuai d'un coup de poignard. Nous le mîmes au feu sans autre précaution, et nous le mangeâmes tout entier, sans excepter la peau, la tête et les os. Il nous parut de fort bon goût.

« En continuant tristement notre route, nous aperçûmes un fusil avec une boîte à poudre, qu'un Portugais avait apparemment laissés, dans l'impuissance de les porter plus loin; cette rencontre nous fut d'une extrême utilité. On fit aussitôt du feu. Pour moi, qui n'avais plus d'usage à faire de mes souliers, et qui étais même embarrassé de cet inutile fardeau, j'en séparai toutes les pièces, que je fis griller, et nous les mangeâmes avidement. On essaya de manger le chapeau d'un de mes valets, après l'avoir fait griller longtemps; mais il fut impossible de le mâcher; il fallut en faire cuire les pièces jusqu'à les mettre en cendres, et dans cet état elles étaient si amères et si dégoûtantes, qu'elles révoltaient l'estomac.

« On voit dans quel horrible état nous étions réduits. Nous tînmes conseil, et le résultat fut d'attendre quelques jours des nouvelles des Portugais, qui avaient gagné sur nous plusieurs journées, et, si nous n'en recevions aucune, d'aller trouver volontairement les Hottentots, et de nous offrir à leur servir d'esclaves pour garder leurs troupeaux. Cette conclusion nous promettait un sort moins affreux que le malheureux état où nous gémissions depuis si longtemps.

« Nous trouvâmes dans une petite île des moules qui nous furent d'un grand secours, et dont chacun de nous emporta une provision.

« Trois Hottentots accoururent vers nous et nous firent signe de les suivre, en élevant six doigts et criant de toutes leurs forces : *Hollanda! Hollanda!* Nous pensâmes qu'ils nous faisaient entendre qu'il n'y avait que six journées pour arriver à l'habitation des Hollandais. Nous nous déterminâmes à suivre ces nouveaux guides; mais le chemin était fort rude et montueux. De quinze que nous étions encore, sept se trouvèrent si accablés de misère et de fatigue, que le lendemain, au moment du départ, il leur fut impossible de faire usage de leurs jambes. Nous tînmes conseil sur ce triste accident; on résolut de laisser dans ce lieu les plus faibles avec une partie des moules sèches qui nous restaient, en les assurant que notre premier soin, si nous avions le bonheur de trouver une habitation hollandaise, serait de leur envoyer des voitures commodes. Quelque dure que leur parût cette séparation, la nécessité les força d'y consentir. A la vérité, nous étions tous dans un misérable état; il n'y avait pas un de nous qui n'eût le corps très-enflé et particulièrement les cuisses et les pieds; les malheureux que nous abandonnions étaient si défigurés, qu'ils faisaient peur.

« Après cette séparation si douloureuse, nous découvrîmes quatre personnes sur le sommet d'une très-haute montagne qui était devant nous, et que nous devions traverser. On les prit d'abord pour des Hottentots, parce que l'éloignement ne permettait pas de les distinguer, et qu'il ne pouvait pas nous venir à l'esprit que ces déserts eussent d'autres créatures humaines à nous offrir. Comme ils venaient à nous et que nous marchions vers eux, nous fûmes bientôt agréablement détrompés. Il nous fut aisé de reconnaître deux Hollandais avec les deux Hottentots qui nous avaient quittés en chemin. L'excès de notre joie fut proportionné à tous les maux que nous avions soufferts. Ce sentiment augmenta lorsque nos libérateurs se furent approchés. Ils commencèrent par nous demander si nous étions Siamois, et où étaient les ambassadeurs du roi notre maître. Nous leur montrâmes ceux qui étaient encore avec nous. Ils leur firent beaucoup de civilités; après quoi, nous ayant invités à nous asseoir, ils firent approcher les Hottentots qui les accompagnaient, chargés de quelques rafraîchissements qu'ils nous avaient apportés. A la vue du pain frais, de la viande cuite et du vin, nous ne pûmes modérer les mouvements de notre reconnaissance. Les uns se jetaient aux pieds des Hollandais et leur embrassaient les genoux ; les autres les nommaient leurs pères, leurs libérateurs. Pour moi, je fus si pénétré de cette faveur inestimable, que, dans le sentiment qui m'agitait, je voulus leur faire voir sur-le-champ le prix que j'attachais à leurs généreux soins. Notre premier ambassadeur, en nous ordonnant de le laisser derrière nous et d'aller lui chercher quelque voiture, s'était défait de plusieurs pierreries que le roi notre maître nous avait confiées pour en faire divers présents. Il m'avait donné cinq gros diamants enchâssés dans autant d'anneaux d'or ; je fis présent d'une de ces bagues à chacun des deux Hollandais pour les remercier de la vie dont je croyais leur avoir obligation.

« Mais ce qui paraîtra surprenant, c'est qu'après avoir bu et mangé, nous nous sentîmes si faibles et dans une telle impossibilité d'aller plus loin, qu'aucun de nous ne put se lever sans éprouver des douleurs insupportables. En un mot, quoique les Hollandais nous représentassent qu'il ne restait qu'une heure de chemin jusqu'à leurs habitations, où nous nous reposerions à loisir, personne n'eut assez de force et de courage pour entreprendre une marche si courte. Nos généreux guides, reconnaissant que nous n'étions plus capables de faire un pas, envoyèrent les Hottentots nous chercher des voitures. En moins de deux heures, nous les vîmes revenir avec des charrettes et quelques chevaux de selle. Le second de ces deux secours nous fut inutile. Personne n'ayant pu s'en servir, nous nous mîmes tous sur les charrettes, qui nous portèrent à l'habitation hollandaise. Elle n'était éloignée que d'une lieue. Nous y passâmes la nuit couchés sur la paille, avec plus de douceur qu'on n'en ait jamais ressenti dans la meilleure fortune. Le lendemain, à notre réveil, quelle fut notre joie de nous voir délivrés et désormais à l'abri des effroyables souffrances que nous avions éprouvées durant trente et un jours !

« Notre premier soin fut de prier les Hollandais d'envoyer une charrette avec les rafraîchissements nécessaires aux sept Siamois que nous avions laissés en chemin. Après avoir vu partir cette voiture, nous nous rendîmes, sur deux autres, dans une habitation hollandaise à quatre à cinq lieues de la première. A peine y fûmes-nous arrivés, que nous vîmes paraître plusieurs soldats envoyés par le gouverneur pour nous servir d'escorte, et deux chevaux pour les ambassadeurs; mais ceux-ci étaient si malades, qu'ils n'osèrent s'en servir. Ainsi nous reprîmes nos charrettes, et dans cet équipage nous nous rendîmes à la forteresse que les Hollandais ont au cap de Bonne-Espérance (1). Le commandant, averti de notre arrivée, envoya son secrétaire au-devant des ambassadeurs pour leur faire des compliments de sa part. On nous fit entrer dans le fort au travers d'une vingtaine de soldats rangés en haie. Nous fûmes conduits à la maison du commandant, lequel se trouva au pied de l'escalier, où il reçut avec de grandes marques de respect et d'affection les ambassadeurs et les mandarins de leur suite. Il nous introduisit dans une salle où, nous ayant priés de nous asseoir, il nous fit apporter des rafraîchissements, tandis qu'il faisait tirer onze coups de canon pour honorer le roi de Siam dans la personne de ses ministres. Nous le conjurâmes instamment d'envoyer avec toute la diligence possible quelques secours au premier ambassadeur, que nous avions laissé assez près du rivage où notre vaisseau s'était brisé. Il nous répondit que, dans la saison où l'on était encore, il y avait impossibilité de nous satisfaire, mais qu'aussitôt qu'elle serait passée, il ne manquerait pas d'y employer tous ses soins. Il ajouta que nous étions heureux d'avoir suivi les côtes; que si nous eussions un peu pénétré dans les bois, nous serions infailliblement tombés entre les mains des Cafres, qui nous auraient massacrés sans pitié.

« Les Portugais étaient arrivés au Cap huit jours avant nous, après avoir souffert encore davantage. Un père

(1) Les Anglais en sont maintenant possesseurs.

portugais de l'ordre de Saint-Augustin, qui accompagnait les ambassadeurs à la cour de Portugal, nous fit une peinture de leurs peines qui nous tira les larmes des yeux. « Un tigre, nous dit-il, aurait eu le cœur attendri par les cris et les gémissements de ceux qui tombaient au milieu de leur marche. Ils invoquaient l'assistance de leurs amis et de leurs proches; tout le monde paraissait insensible à leurs plaintes. La seule marque d'humanité qu'on donnât en les voyant tomber était de recommander leur âme à Dieu. On détournait les yeux, on se bouchait les oreilles pour ne pas être effrayé par les cris lamentables qu'on entendait sans cesse, et par la vue des mourants, qui tombaient presque à chaque heure du jour. » Ils avaient perdu dans ce voyage, depuis qu'ils nous eurent quittés, cinquante à soixante personnes de conditions et d'âges différents, sans y comprendre ceux qui étaient morts auparavant, et parmi lesquels était un jésuite déjà vieux et fort cassé.

« Nous fûmes quatre mois à nous rétablir au cap de Bonne-Espérance avant de nous rembarquer pour Batavia, où nous arrivâmes heureusement. Il nous fallut passer six mois dans cette ville avant de faire voile pour Siam. Le roi notre maître nous reçut avec des marques extraordinaires de tendresse et de bonté; il nous fit donner aussitôt des habits et de l'argent; il eut même l'attention de nous assurer lui-même qu'il ne nous oublierait pas dans les occasions qui pourraient être favorables à notre fortune. »

XII

Naufrage d'une patache portugaise sur un banc de sable, vis-à-vis des îles *Calamianes*, mer des Indes, en 1688.

Une patache du commerce portugais, partie de la côte de Coromandel pour les Philippines, et qui était entrée heureusement dans le port de Cavite (ville la plus considérable des Philippines, dans l'île Manille), remit à la voile quelque temps après, chargée de marchandises du pays. Le vaisseau portait environ soixante hommes, Maures, gentils (idolâtres) et Portugais. Le capitaine et le pilote, se confiant à leur expérience, naviguèrent avec trop de sécurité sur la mer des Philippines, dangereuse par ses écueils; la patache échoua sur un banc de sable, vis-à-vis des îles Calamianes (au delà du Gange, partie des Philippines), et se brisa dans un instant. Les Maures et les gentils, qui composaient la plus grande partie de l'équipage, s'emparèrent aussitôt de la chaloupe pour gagner une île voisine; mais un vent impétueux s'étant élevé dans le trajet, elle coula à fond. Tous ceux qui la montaient trouvèrent la mort dans les flots. Les autres, ayant eu le bonheur de se soutenir sur le sable, se servirent d'un caisson de planches qui flottait près d'eux, pour gagner successivement l'île la plus voisine; elle était à la distance de deux milles du lieu du naufrage. Après l'avoir parcourue, ils reconnurent qu'elle était sans eau. L'heureuse issue de leur tentative leur fit entreprendre de passer dans une autre île éloignée d'environ trois lieues. Ils y arrivèrent les uns après les autres. Elle était presque partout d'un sol bas, très-petite, sans bois et sans eau, comme la première. Pendant quinze jours, ils se virent forcés, par l'excès de la soif, de boire du sang de tortue. Enfin la nécessité les rendit industrieux; ils se servirent des planches de leur caisson pour faire des fosses jusqu'au niveau de l'eau; celle qui y séjournait perdait, après quelques jours, une partie de sa salure. Ils en usèrent la première fois avec dégoût; mais, ayant éprouvé qu'elle n'était point nuisible, ils surmontèrent bientôt la répugnance qu'ils avaient eue d'abord à en boire.

La Providence, en faisant aborder à cette île le petit nombre d'hommes échappés au naufrage, leur avait réservé sur ce sol, quoique stérile, des ressources contre les besoins de la soif et de la faim: la première, comme nous venons de le voir; et la seconde, par l'affluence extraordinaire des tortues, qui étaient dans la saison de leur ponte. Toutes les nuits elles sortaient de la mer pour venir déposer leurs œufs sur le sable. Les naufragés les guettaient, et, aussitôt qu'elles étaient un peu éloignées de l'eau, ils les renversaient sur le dos. La facilité qu'ils avaient à les tuer en procura un si grand nombre, qu'ils en vécurent pendant six mois.

Cette provision s'épuisait, et à peine leur en restait-il encore pour quelques jours, lorsqu'ils virent arriver dans l'île de grands oiseaux de mer nommés par les Portugais *passaros bobos* ou sots oiseaux. Chaque année ils viennent régulièrement dans ces îles faire leurs nids et pondre; leurs œufs et la chair des petits furent pour les naufragés une double ressource. Ils tuèrent aussi beaucoup des pères et des mères; les ais et les débris du caisson leur servirent pour les assommer : ils en amassèrent assez pour s'en nourrir pendant six mois. Ainsi les tortues et cette espèce d'oiseaux fournirent des provisions régulièrement pour les deux parties de l'année, sans autre préparation que d'en faire sécher les chairs au soleil. Ils en mangeaient aussi la chair fraîche, en la faisant étuver dans des vases de terre qu'ils étaient parvenus à fabriquer.

Les maladies et les incommodités de leur séjour avaient réduit ces malheureux exilés au nombre de dix-huit. Avec le temps leurs habits s'étant usés, ils s'avisèrent d'écorcher les oiseaux qu'ils tuaient, et d'en coudre les peaux ensemble avec des aiguilles que l'un d'eux avait sur lui au moment où la patache fut brisée. Quelques petits palmiers dispersés çà et là à peu de distance de la côte leur fournirent une espèce de fil qui leur servit pour cet usage. A l'approche de l'hiver ils se retirèrent, pour se défendre du froid, dans des grottes souterraines qu'ils s'étaient creusées avec leurs mains. Elles étaient sur le revers d'un terrain plus élevé, à l'aspect du midi.

Plusieurs années s'écoulèrent sans aucun changement dans la situation de ces infortunés. Quelquefois ils aperçurent des vaisseaux à pleines voiles assez près de leur île; en vain ils invoquèrent leur secours par des cris, des peaux élevées en l'air et des feux sur les hauteurs. Sans doute la crainte des bancs et des brisants arrêtait les pilotes; tous passèrent outre sans témoigner qu'ils prenaient garde aux signaux. Les naufragés jugèrent même, par l'examen des planches et d'autres débris que les flots jetèrent sur le sable de temps en temps pendant un si long intervalle, que les naufrages étaient fréquents dans cette mer, et qu'ils n'étaient pas seuls malheureux.

Le retour annuel des tortues et des oiseaux, qui leur fournissaient une subsistance assurée, leur fit supporter avec courage un sort aussi triste pendant six années. Au commencement de la septième, leur espérance se soutint encore par l'arrivée des tortues, qui se montrèrent en aussi grande quantité; mais il n'en fut pas de même à la seconde saison. Les sots oiseaux, sans doute épouvantés de la chasse qu'ils essuyaient depuis plusieurs années sur cette côte, revinrent en si petit nombre, que la consternation se répandit bientôt parmi la troupe naufragée. Dans le même temps, deux d'entre eux, succombant au poids des maux qui les accablaient et à la perspective effrayante de l'avenir, finirent leurs jours sur cette terre d'exil. Les autres, réduits au nombre de seize, étaient si exténués, qu'ils ressemblaient plutôt à des spectres qu'à des hommes. Dans l'agitation d'esprit où ils se trouvèrent alors, les uns s'abandonnèrent au désespoir, d'autres entrevoyaient encore quelque lueur d'espérance.

Cependant tous se calmèrent peu à peu, et, s'étant rassemblés, ils arrêtèrent pour dernière résolution, après quelques débats, de quitter l'île, au hasard d'aborder une seconde fois à une côte inhabitée. Ils mirent aussitôt la main à l'œuvre, construisirent en peu de jours, avec des planches et des débris du vaisseau que la mer avait jetés sur le rivage, une espèce de barque, ou plutôt un coffre. Ils le calfatèrent avec un mélange de plumes d'oiseaux, de sable et de graisse de tortue; les cordages furent composés de plusieurs nerfs de tortue, et les voiles d'une certaine quantité de peaux d'oiseaux cousues à l'extrémité les unes des autres. La barque, quoique grossièrement construite, ne faisait point eau, et se prétait à l'impulsion soit du vent, soit de la rame. Ils la chargèrent du peu de provisions qui leur restaient.

Avec de si faibles ressources, ils mirent à la voile par un temps favorable et en invoquant l'assistance du Ciel. Huit jours d'une navigation incertaine, pour laquelle ils n'eurent d'autre règle que le hasard des vents et des flots, les conduisirent à l'île d'Haynan, sur la côte méridionale de la Chine. En abordant cette terre, qu'ils reconnurent habitée, leur premier soin fut d'adresser avec effusion de cœur des actions de grâces à la divine providence; ensuite ils s'avancèrent dans le pays. Cependant quelques Portugais qui entendaient le chinois ayant doublé le pas, ceux des habitants les moins effrayés remarquèrent que ces étrangers étaient sans armes, et les attendirent. Au récit abrégé de leurs infortunes, ils versèrent des larmes, et sur-le-champ leur offrirent des vivres et leur indiquèrent une source d'eau vive. Les premiers besoins satisfaits, on les conduisit au mandarin de l'île, qui s'empressa de leur faire donner des logements et tous les secours dont ils avaient besoin. Il eut même l'attention de leur procurer les moyens de retourner dans leurs familles. Les Portugais, qui n'étaient pas éloignés de Macao, y arrivèrent en peu de jours.

XIII

Perte du vaisseau anglais de la compagnie des Indes *le Degrave*, sur la côte de Madagascar, en 1701, et aventures de Robert Dury.

« Quand je me fus décidé pour un voyage aux Indes orientales, dit Robert Dury, mon père me fournit tout ce qui m'était nécessaire et me donna aussi un crédit de cent livres sterling, somme suffisante pour un jeune homme. Je fus bien recommandé, et je m'embarquai sur le *Degrave*, vaisseau de la compagnie des Indes du port de sept cents tonneaux, de cinquante-deux canons, et commandé par le capitaine Guillaume Jounge.

« Nous partîmes des Dunes le 19 février 1791. Après une traversée de trois mois et vingt jours, nous arrivâmes au fort Saint-Georges dans les Indes. Nous nous étions arrêtés une semaine aux îles Canaries.

« Deux jours après notre arrivée, nous quittâmes le fort Saint-Georges pour aller à Masulipatam, où nous séjournâmes un mois ; puis nous fîmes voile pour le Bengale. Mon parent, instruit de mon arrivée, vint à bord pour me voir : il voulait me mener à terre avec tout ce qui m'appartenait ; mais mon père avait prié le capitaine Jounge de prendre des informations sur le caractère et la fortune de ce parent, et dans le cas où il ne les trouverait pas satisfaisants, de ne pas me laisser avec lui.

« Le capitaine, se conformant aux intentions de mon père, m'empêcha de suivre mon parent, prit soin de mes affaires, toucha ma lettre de crédit et en disposa.

« Peu de jours après mon parent mourut. Nous restâmes neuf mois au Bengale, et nous perdîmes par les maladies quarante hommes de notre équipage. Le capitaine fut de ce nombre : son fils lui succéda dans le commandement.

« Nos affaires terminées, nous quittâmes le Bengale ; notre équipage était de cent vingt hommes, indépendamment de deux femmes et de quelques passagers dont je faisais partie. En descendant le Gange, notre bâtiment toucha : la marée le dégagea, mais une fois en mer il se déclara une si grande voie d'eau, qu'il fallut avoir continuellement deux pompes en mouvement. Nous fûmes deux mois en cet état, au bout desquels nous abordâmes à l'île Maurice, qui est située à l'est de Madagascar, et possédée par les Hollandais (1). Ils nous traitèrent civilement et nous aidèrent autant qu'il fut en leur pouvoir. Nous dressâmes une tente sur le rivage, où l'on

(1) Nous ferons observer encore une fois que les pays dont nous aurons occasion de parler ont pu changer de maîtres.

porta une grande partie de la cargaison ; on chercha la voie d'eau, et l'on ne put la découvrir.

« Un pirate ayant perdu son vaisseau avait laissé dans l'île cinquante lascars, qu'il avait capturés à bord d'un bâtiment maure dont il s'était emparé. Nous prîmes ces hommes sur notre bord, afin de soulager nos gens, qui pendant deux mois avaient eu à peine le temps de se reposer à cause du grand nombre de bras qu'exigeaient les pompes.

« Après un mois de séjour à l'île Maurice, nous fîmes route directement pour le cap de Bonne-Espérance. La voie d'eau gagnait de plus en plus ; nous avions toutes les peines du monde à tenir le bâtiment à flot ; l'équipage était épuisé de fatigue, car il fallait nuit et jour pomper et vider l'eau. Nous trouvant à cent lieues du sud de Madagascar, nous jetâmes à la mer plusieurs canons et des marchandises pesantes, pour alléger le navire. Le capitaine voulant continuer sa route pour le Cap, l'équipage fut d'un avis contraire : il croyait qu'on ne pourrait pas tenir assez longtemps le bâtiment à flot pour atteindre le Cap, dont il nous croyait éloignés de six cents lieues, tandis qu'il n'y en avait que cent jusqu'à Madagascar, la terre la plus proche. On parvint, avec beaucoup de peine, à engager le capitaine à faire route pour Madagascar.

« Le vent étant favorable, le capitaine m'envoya, le troisième jour, avec un mousse au haut du mât pour découvrir la terre. On ne pouvait disposer que de nous deux pour cela ; car tout le monde était employé, et dans cet instant critique, où l'on se trouvait entre la vie et la mort, on ne put avoir égard à ma qualité de passager. Je grimpai donc au haut du mât, et, après y être resté deux heures et demie, je vis la terre. Je le dis à mon compagnon ; mais, n'en étant pas bien sûrs, nous gardâmes le silence, craignant d'abuser l'équipage par des espérances vaines. A la fin pourtant je distinguai une falaise blanche et de la fumée un peu plus loin, et je criai : *Terre! terre!*

« Plusieurs hommes de l'équipage et le capitaine lui-même montèrent sur les haubans : l'un d'eux dit qu'il connaissait la terre, que c'était le port Dauphin de Madagascar ; que le roi de cette portion de l'île était l'ennemi de tous les blancs, et traitait les Européens de la manière la plus barbare. Ce discours nous jeta dans un trouble et un désespoir extrêmes et occasionna notre perte.

« L'homme qui venait de parler avait raison en un sens : les Madécasses étaient ennemis des Français ; ils massacraient tous ceux qu'ils rencontraient pour venger une injure faite à leur roi ; mais ils n'avaient point d'inimitiés pour d'autres blancs : de sorte que si nous eussions abordé dans ce lieu, nous aurions sauvé nos vies et une partie de la cargaison. La crainte de tomber entre les mains de peuplades barbares et vindicatives nous précipita dans un mal beaucoup plus grand que celui que nous cherchions à éviter.

« Il y avait, en face du lieu où nous voulions aborder, un banc de sable de deux lieues de longueur. Nous vînmes à un quart de lieue du rivage, et nous jetâmes une ancre en dehors des brisants ; puis nous coupâmes les mâts et les manœuvres ; nous jetâmes tous les canons à la mer, et nous essayâmes tous les moyens imaginables de faire flotter le vaisseau pour aborder à terre. Nous avions perdu au Bengale notre grand canot et notre péniche ; n'ayant plus qu'une petite chaloupe, nous construisîmes un radeau avec des planches et des vergues.

« Sur ces entrefaites, plusieurs naturels qui pêchaient, nous voyant dans l'embarras, firent du feu sur le rivage, afin que la fumée nous guidât pour aller à terre ; mais nous avions entendu dire tant de mal de ces insulaires, que nous ne savions trop ce que nous devions attendre.

« Le radeau fut achevé dans la nuit. Le lendemain matin, le premier maître et quatre matelots se mirent dans la chaloupe, emportant avec eux un long cordage pour l'amarrer à la terre. Le refoulement était très fort le long des rochers qui bordent la côte ; le canot fut brisé en pièces avant que nos gens arrivassent ; mais comme ils étaient assez près de terre, ils y sautèrent à l'aide des naturels, et le cordage se trouva fixé.

« Il y avait alors deux femmes anglaises; l'une d'elles et le capitaine refusèrent de se mettre sur le radeau; mais l'autre femme et une cinquantaine d'hommes s'y hasardèrent. Je me déshabillai et attachai autour de mes reins une bourse et une coupe d'argent. A peine étions-nous au milieu des brisants, que la première lame fit chavirer le radeau et nous jeta à l'eau. Je plongeai plusieurs fois, et je n'atteignis la terre qu'avec bien de la peine, ce qui arriva à tous ceux qui s'étaient hasardés sur le radeau, à l'exception de la femme, qui fut noyée à côté de moi. Pour comble de malheur, le navire fut poussé plus près de la terre, où il ne tarda pas à être mis en pièces.

« Nous étions à peu près cent soixante en comptant les lascars. Les habitants du pays commencèrent à s'alarmer; nous eûmes bientôt autour de nous plus de trois cents nègres, qui se mirent à prendre des pièces de soie et de calicot fin; mais ils laissaient la mousseline de côté.

« Cependant un naturel nous amena un bœuf, et nous fit signe de le tuer; nous lui donnâmes à entendre que nous n'avions ni armes à feu ni munitions; alors il nous prêta son fusil tout chargé, et l'un de nous tira sur l'animal.

« Nous restâmes dans ce lieu deux jours et deux nuits, sans adopter aucune résolution ni savoir que faire. Nous apprîmes que le port Dauphin n'était éloigné que de soixante milles; mais les préventions que nous avions conçues contre les habitants de ce canton nous empêchèrent d'en prendre la route.

« Dans la soirée du jour suivant, nous entendîmes à une grande distance un homme nous parler en anglais; quand il fut plus près, nous reconnûmes qu'en effet c'était un de nos compatriotes. Il nous demanda qui nous étions; sur notre réponse, il apprit au capitaine que le roi du pays l'avait envoyé pour nous dire que, quoique étrangers, nous n'avions rien à craindre, et qu'il viendrait nous voir le lendemain. Cet Anglais ajouta, en réponse à nos questions, qu'allant aux Indes, le vaisseau sur lequel il passait avait été pillé par un pirate qui s'était emparé de sa personne et de neuf autres matelots, puis avait laissé le bâtiment. Mais cet Anglais, nommé Sam, avait trouvé le moyen de s'échapper, et le roi de cette contrée lui avait accordé peu à peu sa confiance.

« Vers une heure après midi, arriva le prince avec environ deux cents naturels armés de lances. En les voyant s'approcher, nous nous serrâmes en colonne; et, le capitaine à notre tête, nous leur fîmes face. Quand ils furent près de nous, le roi appela Sam, et lui demanda qui était notre capitaine. Quand il le lui eut indiqué, il le salua et le prit par la main. Il nous fit alors présent de quatre grands bœufs et d'autres provisions, ainsi que des vases pour les faire cuire.

« Ce roi, qui débutait si bien avec nous, mais dont les bons procédés devaient se démentir, nous proposa de le suivre dans sa ville principale. Nous y consentîmes, parce que nous ne pouvions faire autrement; et il était bien cruel pour nous de nous enfoncer dans les terres.

« Nous arrivâmes à un petit village consistant en une dizaine de huttes qui n'avaient guère que huit à neuf pieds de largeur et six à sept de hauteur. Nos gens y entrèrent en rampant par la porte, haute seulement de trois à quatre pieds, pour s'y reposer pendant la chaleur du jour.

« La résidence du roi, où nous arrivâmes le troisième jour de notre voyage, était dans un bois, et défendue par des rangées d'arbres droits, élancés, et si près les uns des autres, qu'il était impossible d'y passer; ils étaient d'ailleurs armés d'épines si fortes, qu'on n'aurait pu y grimper ni pénétrer dans leur massif. Il n'y avait que deux portes ou passages, l'une au nord, l'autre au sud, par lesquelles deux hommes seuls pussent entrer de front.

« Nous vécûmes quelque temps assez tranquilles, jusqu'à ce que le roi nous prévînt qu'il avait l'intention de nous disperser dans plusieurs villes. Il était à craindre que ce ne fût pour nous tenir dans l'esclavage toute notre vie. Pour échapper à ce malheur, nous eûmes l'audace de nous saisir de plusieurs fusils et d'emmener le roi prisonnier, avec son fils et sa femme. Nous prîmes la route du fort Dauphin. Mais cette hardiesse fut sans effet, parce que nous eûmes l'inconcevable imprudence de relâcher nos prisonniers, nous confiant imprudemment aux promesses qu'on nous fit de ne point tirer sur nous un seul coup de fusil. Au moment de passer une grande rivière, plusieurs d'entre nous se reposaient sous des arbres: les naturels dont nous étions toujours suivis nous joignirent et massacrèrent ceux qui se croyaient en sûreté. J'étais de ce nombre; mais il y en avait encore vingt derrière moi. Voyant que ces barbares tuaient ceux qu'ils atteignaient, je déchirai mon habit, puis ma veste, afin que ces vêtements ne me causassent point d'embarras; et je me mis à courir au moment où les plus avancés des nôtres avaient passé la rivière, que je traversai aussi à la nage. Nous n'avions entre nous que trente-six fusils, et bien peu d'hommes étaient en état de combattre. Que pouvait cette poignée de monde contre une troupe de près de quatre mille hommes!

« Nous parvînmes cependant à les tenir à une certaine distance pendant tout un jour; mais, nos munitions étant épuisées, il fallut faire le meilleur traité possible avec les naturels. Ils exigèrent la remise de nos armes, et nous nous vîmes dans la nécessité d'y consentir. Le lendemain que nous eûmes mis le comble à notre imprudence, un fils du roi s'empara de moi et de quatre autres jeunes garçons de mon âge, et nous remit entre les mains de ses gens, qui nous lièrent avec des cordes. Je vis ensuite ce même personnage percer d'un coup de lance la gorge et les côtes de notre capitaine. Il en fit autant à un autre, et, le reste de sa troupe ayant suivi son exemple, tous mes compagnons furent bientôt massacrés. Des nègres se mirent ensuite à dépouiller leurs cadavres. Quant à moi, je pensais que le même sort m'était réservé, surtout en voyant un des chefs accourir sur moi la lance en arrêt; mais l'homme qui me tenait l'empêcha de m'en frapper. Il n'y eut de sauvé que moi et trois autres jeunes gens.

On nous fit esclaves. Le plus âgé de nous n'avait pas plus de seize ans. On nous sépara de ce moment les uns des autres.

« Je passai plusieurs années en captivité, changeant quelquefois de demeure et prenant part aux guerres des naturels. Dans une entrevue que j'eus avec un chef nommé Rinanno, il témoigna sa surprise de voir un blanc servir des nègres, et ajouta que si le roi de la baie Saint-Augustin m'avait en sa possession, il me donnerait des vêtements et aurait soin de moi jusqu'à ce qu'un bâtiment monté par des blancs, tel qu'il en vient fréquemment en ce lieu, me prît à bord.

« Les avis que j'avais reçus de Rinanno me décidèrent à m'échapper et à gagner la baie Saint-Augustin, qui ne me semblait éloignée que d'un peu plus de vingt journées de route. Mon maître changea le lieu de sa résidence, ce qui dérangea totalement mes projets.

« Dans une expédition contre l'ennemi on me permit de porter un fusil. Dans l'assaut qu'on donna à une ville, j'eus le bonheur de faire prisonnières la femme et la fille du chef. Celle-ci, âgée d'environ seize ans, était très-jolie; je la pris pour ma femme, et elle ne fit aucune difficulté à m'accepter. Par la suite mon sort fut plus supportable, et ce fut le seul agrément dont je jouis pendant mon esclavage.

« A la fin pourtant, bien déterminé à m'échapper, j'effectuai mon dessein au milieu d'une nuit obscure, après avoir vainement essayé de persuader à ma femme de me suivre. J'éprouvai un chagrin véritable à la laisser. J'arrivai dans une ville dont le chef me prit sous sa protection. Un jeune Anglais qui se trouva dans le pays me témoigna de l'affection. Nous convînmes réciproquement que le premier des deux qui réussirait à retourner dans sa patrie par un moyen quelconque, donnerait des nouvelles de l'autre à sa famille : mon jeune ami eut la générosité de me tenir parole.

« Il arriva deux navires. L'un des deux capitaines fit dire qu'il avait une lettre de mon père pour moi. Le maître avec qui j'étais alors me pria de rester avec lui, mais il ne s'opposa point à mon départ; et, quand je lui demandai ce que le capitaine aurait à donner pour ma rançon, il répondit : « Rien du tout. » Il ajouta que si mes amis et moi voulions lui faire présent d'un fusil, il le garderait en mémoire de moi. On lui en donna donc un très-joli, avec de la poudre, des pierres à fusil et une caisse d'eau-de-vie.

« Quand j'aperçus les deux capitaines, j'eus l'air aussi ébahi que si je n'eusse jamais vu de blancs. J'étais tout nu, à l'exception d'un morceau d'étoffe que j'avais autour des reins. Ma peau était noirâtre et couverte de taches. Mes cheveux étaient longs et attachés tous ensemble, de sorte que j'avais un aspect effrayant. On ne tarda pas à me rendre l'apparence d'un Européen ; on me coupa les cheveux, on me rasa, puis on me vêtit d'un habillement de matelot léger et approprié à un climat chaud. Trois jours après j'allai à bord, où la mer et le changement de régime me rendirent très-malade pendant trois à quatre jours.

« Le 20 janvier 1717, je dis adieu à Madagascar. A Sainte-Hélène, où nous touchâmes, j'allai à terre, et je pris soin des esclaves malades. Nous gagnâmes ensuite la Jamaïque, et nous vendîmes notre cargaison de nègres. Non-seulement le capitaine eut pour moi les soins d'un père tant que je fus à bord, il me fournit aussi de l'argent dans tous les endroits où nous abordâmes; j'en connaissais à peine l'usage, et je commis quelques erreurs singulières.

« Je quittai la Jamaïque le 5 juillet, et le samedi 9 décembre j'arrivai en Angleterre, après une absence de seize ans et neuf mois. J'adressai à Dieu des actions de grâces de me voir de retour dans mon pays, après les dangers imminents auxquels j'avais été exposé et les misères que j'avais endurées, dont j'étais l'unique cause par ma désobéissance aux volontés de mon père et mon opiniâtreté à vouloir passer dans le Bengale. »

XIV

Naufrage de la comtesse de Bourk sur les côtes de Gigeri, dans le royaume d'Alger, et aventures de Mlle de Bourk, sa fille, en 1719.

Le comte de Bourk, officier irlandais au service d'Espagne, ayant été nommé ambassadeur extraordinaire de cette cour à celle de Suède, son épouse, qui résidait en France avec toute sa famille, se détermina à le rejoindre à Madrid. Elle demanda, à cet effet, et obtint un passe-port pour s'y rendre avec toute sa famille. Arrivée à Montpellier, on la dissuada de faire son voyage par terre, à travers les armées de France et d'Angleterre, quoique les généraux lui eussent offert tout ce qui dépendait d'eux pour assurer son passage jusqu'aux frontières d'Espagne, et que le marquis de Berwick, fils du maréchal, lui eût promis telle escorte qu'elle souhaiterait depuis les frontières jusqu'à Gironne, où il commandait les troupes espagnoles. La crainte des armées, jointe à la commodité du transport, lui fit écouter ce qu'on lui représentait, savoir que, sans s'exposer à tant de périls ou de frais, le plus court était de s'embarquer à Cette (ville du bas Languedoc), d'où elle pouvait en vingt-quatre heures se rendre à Barcelone. Elle prit ce parti d'autant plus facilement, qu'elle avait déjà fait plusieurs voyages sur mer. Son passe-port ayant été changé, elle se rendit à Cette, et fut contrainte de noliser une tartane génoise, seul bâtiment qu'elle trouva prêt à mettre à la voile pour Barcelone.

La comtesse de Bourk s'embarqua avec son fils, âgé de huit ans; sa fille, âgée de neuf ans et dix mois; l'abbé de Bourk; une fille de chambre, de Valence en

Dauphiné; une gouvernante pour ses enfants; une jeune fille qu'elle avait prise par charité chez les religieuses de Villefranche, près de Lyon; une quatrième fille de chambre, de Strasbourg; un maître d'hôtel, un laquais; ces personnes et deux autres composaient toute sa suite. Elle embarqua aussi une partie de ses meubles et plusieurs effets précieux; il y avait, entre autres, une riche argenterie, un portrait en miniature du roi d'Espagne, enchâssé dans une main d'or massif enrichie de diamants, une magnifique chapelle composée de trois calices et d'ornements les plus riches, six paires d'habits de cour. Tout était renfermé dans dix-sept ballots ou caisses plombées.

La tartane mit à la voile le 22 octobre 1719. Le 25 du même mois, à la pointe du jour, un corsaire d'Alger, de quatorze canons, dont le capitaine était un renégat hollandais, parut à deux heures environ au large de la tartane, qui était à la hauteur et à la vue de Palames. Le capitaine, pour s'en rendre maître, détacha sa chaloupe avec vingt Turcs armés; ceux-ci, en abordant, tirèrent sept ou huit coups de fusil sans blesser personne, parce que tout l'équipage s'était couché sur le ventre ou s'était caché. Les Turcs montèrent dans la tartane le sabre à la main, coururent à la chambre de poupe, où était la comtesse de Bourk, et y posèrent quatre sentinelles; ils conduisirent ensuite la tartane au vaisseau corsaire. Dans la traversée, les Turcs pillaient à droite et à gauche; ils burent aussi sans mesure du vin et de l'eau-de-vie.

Étant arrivés au vaisseau corsaire, ils y firent passer tout l'équipage génois, qui fut aussitôt mis à la chaîne. Le capitaine se transporta ensuite sur la tartane et se présenta à la chambre de Mme de Bourk; il lui demanda qui elle était, de quelle nation, d'où elle venait et où elle allait. Elle répondit qu'elle était Française et venait de France pour passer en Espagne. Il voulut voir son passe-port, qu'elle lui présenta sans le sortir de ses mains, dans la crainte que ces barbares ne le déchirassent; mais, sur l'assurance que le corsaire lui donna qu'il le lui rendrait lorsqu'il l'aurait examiné, elle le lui abandonna. Après l'avoir lu avec son interprète, il le lui rendit en disant qu'il était bon et qu'elle n'avait rien à craindre pour elle, sa suite et ses effets. Mme de Bourk lui représenta alors qu'étant libre par son passe-port et par sa naissance, elle désirait qu'il la fît conduire dans sa chaloupe sur les côtes d'Espagne, dont il était si proche; qu'il devait cette considération au passe-port de France; qu'en agissant de la sorte il lui épargnerait beaucoup de fatigues, et à son époux des inquiétudes mortelles; que, s'il lui rendait ce service, elle saurait le reconnaître dans l'occasion. Le corsaire répliqua qu'étant renégat, il ne pouvait en user de la sorte; qu'il y allait de sa tête; que le dey d'Alger se persuaderait aisément que, sous prétexte du passe-port de France, il aurait rançonné une famille ennemie de son État, et l'aurait remise en terre chrétienne; qu'il fallait absolument qu'elle le suivît jusqu'à Alger; que son passe-port, aussi bien que sa personne, fût représenté au dey, et que, cela fait, on la remettrait entre les mains du consul de France, qui la ferait transporter en Espagne par telle voie qu'elle et lui jugeraient à propos; qu'il lui donnait l'option ou de passer sur son bord, ou de demeurer sur la tartane, sur laquelle elle serait plus libre que sur son vaisseau; qu'il lui conseillait de prendre plutôt ce dernier parti, au moyen duquel elle éviterait de se commettre, elle et toutes les filles qui l'accompagnaient, avec environ deux cents Turcs ou Maures qui montaient son navire. Mme de Bourk accepta de demeurer sur la tartane; le capitaine y mit seulement sept Turcs ou Maures pour faire la manœuvre, l'amarra à son vaisseau pour la remorquer, après en avoir enlevé la chaloupe, trois ancres et toutes les provisions, à la réserve de celles de Mme de Bourk. Après ces dispositions, le corsaire prit la route d'Alger.

Les 28, 29 et 30, il s'éleva une furieuse tempête, pendant laquelle le câble de remorque fut cassé, et la tartane séparée du vaisseau. Le commandant et les autres Turcs, fort ignorants sur la manœuvre (car le corsaire n'y avait pas mis ses meilleurs marins), et manquant d'ailleurs de boussole, celle de la tartane ayant été brisée dans la fureur de l'abordage, s'abandonnèrent au gré des vents et de la mer. La tartane fut poussée néanmoins sur la côte de Barbarie le 1er novembre, dans le golfe appelé *Colo*, au levant de Gigeri. On y jeta l'ancre, et le commandant de la tartane, qui ne connaissait pas la terre, envoya deux Maures à la nage pour s'informer auprès des habitants du pays en quels lieux ils étaient.

Les Maures des environs, qui avaient aperçu la tartane, s'étaient rendus armés et en grand nombre sur le rivage, pour s'opposer à la descente, se persuadant que c'était un vaisseau chrétien qui venait pour les enlever, eux ou leurs bestiaux; mais ils furent détrompés par les Maures du corsaire, qui leur dirent que c'était une prise faite sur les chrétiens, et qu'il y avait dedans une grande princesse de France que l'on conduisait à Alger. L'un des deux Maures étant demeuré à terre, l'autre revint à la nage rendre raison de sa commission, apprenant au patron de la tartane quelle était cette côte où il avait mouillé. Sur cet avis, le commandant, impatient de se rendre à Alger et de rejoindre son corsaire, ne se donnant point la patience de lever l'ancre, coupa le câble et mit à la voile sans chaloupe et sans boussole.

Il n'était pas à une demi-lieue du golfe, qu'il paya cher son imprudence : il s'éleva un vent contraire, dont il ne put se rendre maître, et qui le repoussa sur la côte; il voulut se servir de ses rames; mais la faiblesse de l'équipage les rendait inutiles, et malgré ses efforts la tartane donna contre un rocher et se brisa. Toute la poupe fut aussitôt submergée, et Mme de Bourk, qui était en prière dans la chambre avec son fils et ses filles de chambre, fut noyée avec eux. Ceux qui se trouvèrent du côté de la proue, entre lesquels étaient l'abbé de Bourk, le sieur Arture, Irlandais, le maître d'hôtel, une des filles de chambre et le laquais, s'accrochèrent aux débris qui étaient sur le rocher.

Le sieur Arture, ayant aperçu quelque chose dans l'eau qui se débattait contre les flots, s'y précipita; il trouva que c'était Mlle de Bourk, qu'il retira; il la mit entre les mains du maître d'hôtel, et lui recommanda d'en avoir soin, ajoutant que pour lui il allait se rejeter à la nage, parce qu'il était le seul qui sût nager. Heureux s'il ne se fût pas fié à son adresse! car depuis ce moment il ne reparut plus.

L'abbé descendit le premier du débris de la tartane sur le rocher où elle s'était brisée; il s'y soutint quelque temps contre la violence des vagues avec son couteau, qu'il avait enfoncé de force dans la fente du rocher; il en fut plusieurs fois couvert; elles le poussèrent même du côté d'une roche séchée, d'où, pour gagner le rivage, il avait encore un petit bras de mer à passer. Pour y parvenir il voulut se saisir d'une planche du débris qu'il trouva sous ses mains; mais elle lui échappa. Enfin il se servit d'une rame avec laquelle il gagna un rocher adhérent à la terre ferme. Les Maures, qui étaient sur le rivage, le saisirent, le dépouillèrent, lui coupèrent ses habits jusqu'à la chemise, et le maltraitèrent encore. Les autres Maures, en grand nombre, se jetèrent à l'envi dans la mer, s'attendant à trouver un riche butin. Le maître d'hôtel, qui tenait entre ses bras Mlle de Bourk, fit signe à deux de ces barbares, qui vinrent à lui, et, quand ils furent à quatre pas, il la leur jeta; ils la reçurent, et la prenant l'un par la main, l'autre par un pied, ils la portèrent au rivage, où ils lui ôtèrent seulement un soulier et un bas pour gage de sa servitude. Le maître d'hôtel, qui a confirmé toutes les circonstances de ce tragique événement, a assuré que, pendant qu'il la tenait encore entre ses bras, voyant venir ces barbares, elle lui dit d'un air au-dessus de son âge : « Je ne crains pas que ces gens me tuent, mais j'appréhende qu'ils ne veuillent me faire changer de religion; cependant je souffrirai plutôt la mort que de manquer à ce que j'ai promis à Dieu. » Il la confirma dans son généreux sentiment, l'assurant qu'il était dans la même résolution; à quoi elle l'exhorta d'une manière fort pressante.

La fille de chambre et le domestique, chacun de son côté, se jetèrent à la mer, où les Maures les prirent et les firent passer le bras de mer; ils les conduisirent jusqu'au rivage, où ils furent entièrement dépouillés. Le maître d'hôtel, s'étant jeté le dernier au gré des flots, et se servant d'une corde pour gagner de rocher en rocher, fut joint par un Maure qui le dépouilla avant de le mettre sur le rivage.

Ce fut en ce pitoyable et honteux état qu'ils furent conduits d'abord jusqu'aux cabanes de la première montagne. On les pressait de marcher, à force de coups, dans des chemins raboteux qui mirent leurs pieds tout en sang. La fille de chambre surtout était à plaindre : cette fille était presque couverte de son sang, s'étant fait plusieurs blessures en s'accrochant ou passant sur les rochers : ils étaient de plus chargés chacun d'un paquet de hardes mouillées, et portaient tour à tour la jeune demoiselle. Arrivés à demi morts à la montagne, ils furent reçus par les huées des Maures et les cris des enfants. Ces barbares avaient avec eux beaucoup de chiens, qui sont fort communs dans ce pays-là; ces animaux, excités par le tumulte, y joignirent leurs aboiements; l'un d'eux, d'un coup de gueule, fit plusieurs blessures à la jambe du laquais, et un autre fit de même à la fille de chambre.

Ces infortunés furent partagés : on livra la fille de chambre et le laquais à un Maure de l'adouar ou village, et la Providence permit que Mlle de Bourk et le maître d'hôtel passassent sous un autre et même maître. Il leur donna d'abord à chacun une mauvaise capote remplie de vermine; pour toute nourriture, et après tant de fatigues, ils eurent un petit morceau de pain de sarrasin pétri sans levain et cuit sous la cendre, avec un peu d'eau, et pour lit la terre nue. Le maître d'hôtel, voyant la demoiselle toute morfondue par ses habits pénétrés d'eau, obtint avec peine qu'on allumât un peu de feu, devant lequel elle pressa toutes ses hardes l'une après l'autre, et il la revêtit de ses habits à demi secs. Ce fut dans cet état qu'elle passa la première nuit, avec beaucoup d'incommodité et de frayeur.

Ce lieu renfermait environ cinquante habitants, tous logés dans cinq ou six cabanes faites de branches d'arbres et de roseaux, dans lesquelles ils demeurent pêle-mêle, hommes, femmes, enfants et bestiaux de toute espèce. Ces barbares s'assemblèrent dans celle où étaient les captifs, et tinrent conseil sur leur sort; les uns, par un principe de leur fausse religion, concluaient à la mort afin de s'assurer le paradis de Mahomet par le sacrifice de ces chrétiens; les autres, par un motif d'intérêt et par l'espérance d'une forte rançon, furent d'un avis contraire : ainsi toute l'assemblée se sépara sans rien conclure.

Le jour suivant, ayant appelé les habitants des adouars voisins, ils revinrent en plus grand nombre. Cette journée fut extrêmement orageuse pour les nouveaux esclaves. Plusieurs de ces barbares leur faisaient les plus grandes menaces, en leur montrant du feu et leur faisant entendre qu'ils allaient les brûler tout vifs; d'autres, tirant leur sabre, paraissaient vouloir leur trancher la tête; un d'entre eux prit Mlle de Bourk par les cheveux, et lui appliqua le tranchant de son sabre sur le cou; d'autres chargeaient leur fusil à balle en leur présence et les couchaient en joue. Le maître d'hôtel leur fit comprendre par signes qu'ils tenaient à grand honneur de mourir pour la religion chrétienne, et que toute la perte retomberait sur eux-mêmes, qui se priveraient par cet acte d'inhumanité de la rançon qu'ils pouvaient espérer de leur prise. Les plus ardents se radoucirent; mais les enfants et les femmes redoublaient leurs insultes à tout moment.

On les gardait avec tant d'exactitude, qu'un Maure, la hallebarde en main, les accompagnait même dans le besoin naturel, de peur qu'ils ne se sauvassent, ou que leur proie ne leur fût enlevée de force. Ils en furent, en effet, menacés quelques jours après par le bey de Constantine, qui leur demanda de les lui envoyer s'ils ne voulaient pas qu'il allât lui-même avec son camp les leur arracher; à quoi les Maures répondirent qu'ils ne craignaient ni lui ni son camp, quand il serait joint à celui d'Alger : les montagnes qu'ils habitent les rendent indépendants.

Tel était le sort de ces victimes du sort le plus malheureux. Leur consolation unique était due au secours de leur religion; mais leurs maux furent encore aggravés par l'affreux spectacle qui se présenta à leurs yeux. Les Maures, non contents d'avoir en leur possession les cinq échappés du naufrage, voulurent encore profiter des effets que la mer avait engloutis, et qu'ils croyaient considérables. Comme ils sont aussi hardis plongeurs qu'ils sont bons coureurs sur leurs montagnes, ils eurent bientôt tiré du fond de la mer les ballots et les caisses, ainsi que les corps morts.

Ils avaient amené avec eux le maître d'hôtel et le domestique, pour les aider à transporter dans la montagne ce qu'ils pourraient repêcher. Après avoir retiré les corps sur le rivage, ils les mirent à nu pour profiter des habits; ils coupèrent même les doigts à Mme de Bourk avec des cailloux pour avoir ses bagues, craignant de profaner leurs couteaux s'ils les appliquaient sur les corps des chrétiens.

Quel spectacle pour ces malheureux captifs de voir les corps de personnes si respectables ainsi exposés à l'injure du temps, à la pâture des bêtes, et, ce qui leur était mille fois plus sensible, aux insultes des Maures, qui leur jetaient des pierres, prenant plaisir à faire résonner à chaque coup ces corps enflés par l'eau! Le maître d'hôtel voulut leur représenter comme il put, dans sa consternation, qu'ils violaient toute humanité, qu'ils devaient du moins souffrir qu'on les enterrât; mais ils répondirent qu'ils n'enterraient pas les chiens. Un Maure qui avait chargé le laquais d'un ballot voulut le faire passer auprès de ces corps, parce que c'était son plus court chemin; mais il ne put jamais l'y contraindre: cet homme, pénétré d'horreur, aima mieux grimper sur un rocher escarpé que de voir de près de si tristes objets.

Cependant les Maures partagèrent le butin; les plus riches étoffes furent coupées par morceaux et distribuées aux enfants pour en orner leur tête; l'argenterie fut vendue à l'enchère, et les trois calices, dont un seul valait au moins quatre cents livres, furent donnés ensemble pour moins de cinq livres, parce qu'ayant été ternis par l'eau de la mer, et la valeur de leur travail n'étant pas appréciée, ils les prirent pour des vaisseaux de cuivre et de médiocre importance. A l'égard des livres qu'ils trouvèrent, les regardant comme des meubles inutiles, ils en abandonnèrent aisément quelques-uns au maître d'hôtel et au laquais, qu'ils avaient forcés de leur aider à transporter leurs ballots. Le maître d'hôtel retira aussi son écritoire, qui lui servit fort à propos, comme on le verra dans la suite.

Pendant les trois semaines qu'ils demeurèrent en ce lieu, Mlle de Bourk, profitant de l'écritoire et d'un peu de papier blanc qui se trouvait au commencement et à la fin des livres que le maître d'hôtel avait apportés, écrivit trois lettres au consul de France à Alger; mais elles ne furent point remises à leur destination.

Trois semaines après leur naufrage, ils furent transférés au milieu des hautes montagnes de Conco, où apparemment le cheik, commandant de ces barbares, faisait sa résidence. Douze d'entre eux, armés de sabres, de fusils et de hallebardes, les conduisaient. Ils obligèrent l'abbé et le maître d'hôtel à porter tour à tour la demoiselle à travers les montagnes escarpées. Les Maures, accoutumés à franchir ces lieux avec vitesse, les pressaient malgré leur fatigue, à force de bourrades, de marcher plus vite qu'ils ne pouvaient. Ils firent ainsi une grande journée : sur le soir on donna à chacun un morceau de pain, avec le soulagement de coucher sur des planches pour la première fois.

Le cheik et les principaux de ces Maures tinrent conseil au sujet des captifs; mais, comme ils ne purent s'accorder sur le partage qu'ils voulaient en faire, la résolution fut prise de les renvoyer d'où ils venaient. Avant de partir, le maître d'hôtel retira un peu de paille à quelques bestiaux qui étaient près de là, pour la mettre sous la demoiselle; le patron de la cabane en fut si indigné, qu'il prit une hache, lui fit mettre la tête sur un billot, et allait la lui couper, si un Maure qui survint à propos ne l'eût arrêté.

Trois ou quatre fois par jour, suivant leur humeur barbare, ils venaient les prendre à la gorge, après avoir fermé les portes de leur cabane, de peur d'en être empêchés ; et, le sabre à la main, ils se mettaient en état de les tuer ; mais une main invisible arrêtait leurs bras et leur fureur.

Comme on les retenait toujours, malgé la résolution qu'on avait prise de les renvoyer à leur premier maître, celui-ci, accompagné d'un Turc de Bougie (ville maritime de la régence d'Alger), vint pour les enlever ; mais seize Maures des montagnes les contraignirent, les armes à la main, de les abandonner. Ce barbare, ne pouvant emmener sa proie, se saisit de la demoiselle, et tira son sabre pour lui couper la tête ; le Turc parvint par ses remontrances à l'en empêcher. Enfin ils se mirent en route. Ceux qui les reconduisaient, emportés par le faux zèle de leur religion ou par leur humeur sanguinaire, se mettaient à chaque instant en devoir de les immoler. Ils entraînèrent, une fois entre autres, l'abbé et le maître d'hôtel derrière un gros buisson, pour y faire ce sacrifice à leur prophète ; mais ces infortunées victimes échappèrent encore à ce péril.

Ils arrivèrent le soir à l'adouar, lieu de leur triste esclavage. On leur donna des feuilles de navet crues à manger sans pain, ce qui leur est plusieurs fois arrivé. Cependant l'amitié que les enfants conçurent peu à peu pour la petite demoiselle lui procura la douceur d'un peu de lait qu'on lui donnait avec son pain. Les Maures ont l'usage d'accorder en considération de leur fils ce qu'on leur demande en son nom, ou ce qu'il leur demande lui-même. Aussi le compliment ordinaire, quand on veut obtenir quelque grâce, c'est de dire : *Accorde-moi ceci par la face de ton fils.*

Enfin une quatrième lettre que Mlle de Bourk écrivit au consul français, la seule qui ait été rendue, arriva le 24 novembre à Alger ; le dey l'envoya au consul, qui en fit part aussitôt à M. Dusault, envoyé extraordinaire du roi. Cette infortunée demoiselle y exposait, dans un style simple, mais touchant, qu'après le naufrage de sa mère, elle avait été réduite, ainsi que sa suite, à une captivité des plus affreuses ; qu'ils y mouraient de faim, et y enduraient tous les mauvais traitements qu'on pût attendre des ennemis de la religion et de toute humanité. Elle le priait instamment d'avoir compassion de leur misère, et de leur envoyer quelque secours, en attendant qu'il pût leur procurer la liberté, dont les menaces continuelles des barbares leur faisaient perdre l'espérance. Cette lettre émut vivement tous ceux qui en firent lecture. Chacun offrit de l'argent et ses services à M. Dusault, qui n'avait pas besoin d'être pressé sur ce sujet, connaissant parfaitement la famille de Mlle de Bourk. Il donna aussitôt ses ordres pour appareiller une tartane française qui était dans le port, fit acheter des habits et des provisions, et obtint du dey une lettre de recommandation pour le grand marabout ou grand prêtre de Bougie, qui a le plus d'autorité sur ces peuples. Il écrivit aussi à la demoiselle, et lui adressa quelques présents. Dès le soir du même jour, la tartane mit à la voile, et arriva en peu de temps à Bougie.

Là Ibrahim-Aga, truchement de la nation, envoyé par M. Dusault dans la tartane, présenta les lettres du dey d'Alger et de M. Dusault au grand marabout. Celui-ci, quoique malade, se leva aussitôt, monta à cheval avec le marabout de Gigeri, le truchement et six ou sept autres Maures, et prit la route des montagnes, qui étaient à cinq à six journées de Bougie. A leur arrivée, les Maures maîtres des captifs, ayant aperçu la troupe de loin, s'enfermèrent dans leur cabane, au nombre de dix ou douze, le sabre à la main. Les marabouts frappèrent rudement à la porte, et demandèrent où étaient les chrétiens, on leur répondit qu'ils étaient à l'extrémité de l'adouar; mais un autre Maure qui se trouvait en dehors leur fit signe qu'ils étaient dans la cabane.

Aussitôt la troupe mit pied à terre, et se fit ouvrir la porte. Les Maures prirent la fuite, et les marabouts entrèrent. A leur aspect, les esclaves crurent que l'heure de leur sacrifice était arrivée; mais leurs inquiétudes furent calmées par le grand marabout, qui s'approcha de Mlle de Bourk, lui remit la lettre du consul, et lui donna du pain et des noix de sa provision; car, lorsqu'on voyage en Afrique, il faut porter de quoi vivre. Il passa la nuit dans la cabane avec toute sa suite, et dès le matin il envoya chercher les Maures par leurs enfants. Étant venus selon ses ordres, ils lui baisèrent tous la main, suivant leur coutume, car les Maures ont un profond respect pour les marabouts; ils les craignent plus que toute autre puissance; leur malédiction leur est plus redoutable que toutes les menaces d'Alger. C'est au nom du marabout, et non pas au nom de Dieu, que les pauvres demandent l'aumône. Le grand marabout fit aussi appeler le commandant des montagnes et les chefs des cabanes de l'adouar. Lorsqu'ils se furent rendus à celle où il était, il déclara que le sujet de sa venue était pour réclamer cinq Français échappés au naufrage; que la France étant en paix avec tout le royaume d'Alger, ils ne devaient pas, contre la foi des traités, retenir ces Français, déjà assez malheureux d'avoir perdu leur famille et leurs biens, sans les priver encore de leur liberté et de la vie; que, quoique les Maures montagnards ne fussent pas soumis à l'autorité d'Alger, ils ne laissaient pas de jouir des avantages de la paix avec la France; qu'ils commettraient enfin une grande injustice s'ils ne les relâchaient pas, ayant assez profité de leurs riches dépouilles. Les Maures se défendaient du mieux qu'ils pouvaient par de mauvaises raisons.

Les tristes naufragés, pendant ces contestations, perdaient peu à peu la joie qu'ils avaient conçue d'être bientôt délivrés de leur dur esclavage; l'inquiétude succéda au rayon d'espérance qu'ils avaient entrevu. Mais leur consternation fut entière quand l'interprète leur dit que les Maures, pressés par toutes les raisons du marabout, consentaient à la liberté des esclaves, à condition que le cheik ou commandant retiendrait la demoiselle, disant qu'il la destinait pour épouse à son fils âgé de quatorze ans; qu'il n'était pas indigne d'elle, et que, quand elle serait la fille du roi de France, son fils la valait bien, étant né du roi des montagnes. Ils jugèrent ce nouvel incident plus fâcheux que tous les autres, et leur captivité leur parut moins dure que la nécessité qui les forçait de laisser leur maîtresse, si jeune, entre les mains des barbares.

Telles étaient leur triste situation et les vives alarmes de Mlle de Bourk, tant que le cheik se montra inflexible; mais enfin le marabout, après l'avoir tiré à quartier, lui mit quelques sultanins d'or dans la main, avec assurance d'une plus grande quantité : l'or le rendit en un instant plus traitable. On convint du rachat de tous pour neuf cents piastres du poids de deux pistoles et demie chacune, payables incessamment. Les montagnards déclarèrent aux députés, en terminant l'accord, que leur condescendance venait plutôt de la vénération qu'ils portaient à leur marabout que d'aucune crainte qu'ils eussent du dey d'Alger. Le marabout, ayant laissé en otage un Turc et plusieurs joyaux de ses femmes, emmena les cinq esclaves.

Ils prirent le chemin de Bougie. Pendant la route, ils passaient la nuit avec leur suite dans les cabanes des Maures, quand ils en pouvaient trouver.

A leur arrivée à Bougie, le 9 décembre, on donna aux esclaves des chemises sous leurs capotes, parce que les habits qu'on leur avait achetés et envoyés avaient servi à faire des présents pour faciliter leur liberté. On les embarqua le 10 au soir sur la tartane, qui arriva à Alger le 13, à la pointe du jour. Dans le moment où elle fut aperçue, le capitaine du vaisseau de M. Dusault fit tirer un coup de canon; la tartane y répondit par quatre coups de pierriers; ce signal annonça leur arrivée, qu'on attendait avec impatience et inquiétude. On envoya aussitôt la chaloupe du vaisseau pour les mettre à terre. Le consul et les principaux de la nation allèrent au-devant d'eux pour les accompagner depuis le port jusqu'à l'hôtel de l'ambassadeur, qui se trouva rempli de chrétiens, de Turcs et même de Juifs. L'ambassadeur reçut la demoiselle à l'entrée de la cour, et, la prenant par la main, il la conduisit d'abord à sa chapelle, où elle entendit la messe. Le *Te Deum* fut ensuite chanté en action de grâces de cet heureux affranchissement.

Chacun eut peine à retenir ses larmes; les Turcs mêmes et les Juifs paraissaient touchés. En effet, cette demoiselle, qui n'avait pas encore dix ans, après avoir passé par toutes les alarmes, le dénûment et les fatigues de son esclavage, avait conservé un air de noblesse ; ses manières et ses discours annonçaient une heureuse éducation, et montraient une âme au-dessus des épreuves cruelles qu'elle venait d'essuyer.

Après quelques jours accordés pour le délassement de ces infortunés et des Maures qui les avaient conduits, on délivra aux députés du grand marabout les neuf cents piastres dont on était convenu pour la rançon de Mlle de Bourk et de sa suite. M. Dusault y joignit des présents pour ce marabout et les autres officiers qui l'avaient aidé dans sa négociation.

Le 5 janvier 1720, Mlle de Bourk, accompagnée de son oncle et de sa femme de chambre, s'embarqua sur le vaisseau de M. Dusault ; elle arriva à Marseille le 20 mars de la même année. Le marquis de Varennes, son oncle, vint la recevoir des mains de M. Dusault.

Mlle de Bourk resta encore quelque temps dans le sein de sa famille, jusqu'à son mariage avec le marquis de T***. Elle passa des jours heureux avec lui. Ce n'est qu'en 1780 qu'elle mourut. Ses enfants jouissent de l'estime publique dans la Provence.

XV

Relation par Jean Dean du naufrage du *Sussex*, vaisseau de la compagnie des Indes, près de la côte de Madagascar, en 1738.

Le vaisseau *le Sussex,* retournant de Canton (Chine) en Angleterre, fut, le 9 mars 1738, à six heures du matin, accueilli par une violente bourrasque à l'est du cap de Bonne-Espérance. La misaine et les huniers étaient dehors; on cargua ces dernières voiles. Deux heures après, le petit hunier fut déchiré; le frottement qu'éprouva la misaine la fit déchirer aussi; le vent augmenta, et aussitôt le vaisseau vint au travers de la lame, et donna le plat bord dans l'eau. Le charpentier sonda la pompe, et trouva trois pieds d'eau dans la cale : on fit à l'instant jouer les pompes à bras et à chaînes ; mais l'eau gagna tellement qu'à dix heures il y en avait dix pieds. On ordonna de virer de bord, et l'on coupa le mât d'artimon ; mais le vaisseau arriva si lentement, qu'on en craignit les suites. On se décida à couper le grand mât ; alors le bâtiment arriva et se releva beaucoup. On pompa avec de nouveaux efforts, et l'on vint si bien à bout de franchir l'eau, qu'à cinq heures du matin il n'y en avait plus que deux pieds et demi. Le *Sussex* marcha de conserve avec le *Winchester*, capitaine Dove, pendant toute la nuit du 10 au 11 mars. Vers six heures du matin, le capitaine tint, dans sa chambre, conseil avec tous ses officiers sur ce qu'il y avait à faire. Il vint ensuite avec eux sur le pont, et fit appeler tout le monde. Il demanda quelles étaient les personnes qui voulaient aller sur le *Winchester;* avant qu'on pût lui répondre, il dit que les officiers avaient résolu d'y passer, et que le charpentier avait affirmé par serment que le *Sussex* n'était pas en état de doubler le cap. Beaucoup d'hommes de l'équipage consentirent à passer sur le *Winchester;* mais Dean et plusieurs autres dirent au capitaine qu'à tout hasard ils voulaient rester sur le *Sussex*, pour le conduire en sûreté dans quelque port, car il était honteux d'abandonner un tel bâtiment. Le capitaine, qui aurait dû profiter de cet avis, n'en fut nullement ému ; il commanda d'attacher le yacht à l'extrémité bâbord (côté gauche) de la vergue, et de tirer deux coups de canon pour faire approcher le *Winchester*. Dean et ceux qui avaient le projet de rester descendirent pour faire jouer une des pompes. Cependant l'indigne capitaine, les officiers et ceux qui étaient dans l'intention de quitter le bâtiment, pillèrent et mirent à part tout ce qu'ils purent, pour l'emporter ; puis, quand le capitaine eut découvert le dessein de ceux qui étaient résolus de rester sur le *Sussex*, il ordonna d'enfoncer la péniche, ce qui fut fait à l'instant. Trois matelots, de leur côté, coupèrent le bord de ce bâtiment en deux endroits; puis, sautant vers les deux extrémités, ils rompirent aisément la quille, car cette embarcation n'était presque soutenue que par le milieu.

Vers sept heures, le capitaine et les subrécargues (commis écrivains) quittèrent le *Sussex*, et tous ceux qui avaient le même projet les suivirent aussi vite que les canots purent les transporter. Il ne resta sur le *Sussex* que seize hommes, quoique dans le premier moment une trentaine eussent manifesté la même intention. Trois hommes de l'équipage en prirent le commandement. Pendant quelques jours le temps fut beau et doux; on remplaça le mât d'artimon par celui du grand canot, et on le pourvut de voiles; ensuite on se partagea les effets que l'on trouva.

Quatre jours après s'être séparé du *Winchester*, le *Sussex* eut connaissance de Madagascar, et fit route pour la baie de Saint-Augustin. Au bout de deux jours il mouilla le soir en vue de la baie, et le lendemain il y entra. On hissa le pavillon, et l'on tira le canon pour faire venir les insulaires le long du rivage.

Dans la matinée, deux hommes, dont l'un savait parler anglais, vinrent à bord dans une pirogue, et apportèrent un pot de miel, disant que c'était un présent du roi de Barbar pour le capitaine. Le navire ne faisait pas alors beaucoup d'eau; l'équipage, qui avait été très-occupé ce jour-là, ne travailla pas le lendemain, qui était le dimanche, et l'on fit la prière comme à l'ordinaire. Le lundi, l'aide-calfat et le menuisier travaillèrent à raccommoder la péniche, et tout le reste de la semaine se passa à faire des haubans et des manœuvres pour un grand mât supplémentaire.

Quelques hommes allèrent à terre dans la péniche, pour faire connaissance avec les habitants du pays; mais il ne trouvèrent que les deux hommes qui étaient déjà venus à bord, et un autre homme avec une femme. Ces Madécasses ne voulurent aller sur le *Sussex* que lorsqu'ils apprirent que c'était un bâtiment anglais. Quatre principaux officiers du roi vinrent à bord. L'interprète dit au marin qui tenait la place du capitaine que le roi désirait le voir à Jubar, sa ville capitale. Ce marin y alla, et fut bien reçu; le roi lui ayant demandé combien il y avait d'hommes à bord, il répondit : « Trente. » Le marin, après un séjour de quarante-huit heures dans la résidence du roi, retourna à bord, où l'on apporta une grande quantité de provisions.

Deux jours après le roi vint à bord; l'équipage le traita le mieux qu'il fut possible. Ne voyant que peu de monde, ce prince demanda où était le reste des hommes; on lui répondit qu'ils étaient en bas et malades. On entama une espèce de trafic, on donna de la porcelaine pour des vivres.

Cependant les Madécasses, voyant si peu de monde, commencèrent à se montrer incommodes et insolents, à tel point qu'on fut obligé de placer une sentinelle armée à chaque passavant, pour les empêcher de venir à bord, ce qu'ils semblaient désirer ardemment.

On fit les réparations nécessaires à la mâture et à la manœuvre; après quoi l'on acheta, pour trois barils de poudre à canon, six esclaves qu'on faisait travailler pendant le jour, et qu'on mettait aux fers dans la nuit. On donna au roi le fusil du chirurgien ainsi qu'une jarre de rack; il envoya deux chèvres en échange. Il vint ensuite à bord avec dix de ses femmes; on fit présent à chacune d'une jatte de porcelaine, et chacune fit cadeau d'une chèvre.

Comme les Madécasses continuaient à être extrêmement incommodes, car ils essayaient toujours de monter à bord du bâtiment et même y lançaient des javelots, il était fort à craindre qu'ils n'eussent formé le dessein de massacrer l'équipage à la première occasion favorable. Les Anglais pensèrent donc que, pour mettre en sûreté leur existence, ainsi que le navire et sa cargaison, il était à propos d'aller à Mozambique, et d'y attendre la saison convenable pour essayer de doubler le cap de Bonne-Espérance.

Ils levèrent l'ancre et firent route pour Mozambique, après un séjour d'environ trois semaines dans la baie de

Saint-Augustin. Le temps était très-beau. Le second jour du voyage ils ne trouvèrent que seize pouces d'eau en sondant la pompe, et aussitôt après elle ne rendit plus d'eau.

Le temps se couvrit dans la soirée, et vers dix heures le malheureux vaisseau toucha; au second choc il perdit son gouvernail et resta immobile. L'équipage, voyant qu'il n'y avait plus moyen de le sauver, dégagea la chaloupe pour la mettre à la mer; mais elle avait été défoncée, et avait besoin de réparations. Les Anglais étaient peu nombreux, et ils ne pouvaient se hasarder à la radouber, parce que la mer brisait avec furie sur le bâtiment. Ils hissèrent donc la péniche de dessus le pont, et la laissèrent toute la nuit suspendue le long du bord, après y avoir placé une boussole, des cartes géographiques, de la poudre et des outils de charpentier; puis ils passèrent toute la nuit en prière. Les lames continuaient de briser avec fureur sur l'arrière du bâtiment, qui fut bientôt entièrement enfoncé. A six heures du matin on descendit la péniche, et neuf hommes s'y embarquèrent; les autres se décidèrent à attendre dans le vaisseau la chance qui pourrait arriver, jugeant qu'il n'y avait pas d'espoir de se sauver dans la péniche, parce que la mer brisait avec trop de force. En effet, dès qu'elle fut à l'eau, la première lame en enleva un homme, qui regagna le bord sans accident; la seconde emporta la péniche, et fit disparaître les huit autres marins. Il y en eut trois noyés; cinq, après avoir nagé quelque temps, furent repoussés dans un endroit où l'eau était peu profonde. Ces hommes ayant ensuite vu l'avant de la péniche, l'un d'eux y alla en nageant, et appela ses camarades, qui le suivirent et le secondèrent. Ils se saisirent de toutes les planches des débris du bâtiment que la mer poussait vers eux, et les fixèrent en travers de la péniche, afin de la rendre plus capable de flotter. Ils eurent aussi le bonheur de voir flotter une bande de lard et de s'en emparer. Vers midi ils s'aperçurent que le *Sussex* était emporté par la mer, et dans la soirée il fut poussé contre les écueils, où il demeura presque à sec. Ils parvinrent à construire un arrière à la péniche, dont on boucha les fentes avec de l'étoupe qu'on tira d'une corde de cette péniche. Ces hommes patients et industrieux n'avaient cependant pour travailler que deux petits couteaux et un crochet qu'ils avaient tiré de cette embarcation.

Le troisième jour après avoir quitté le navire, ils commencèrent un voyage des plus hasardeux, et naviguèrent dix-sept jours avant d'arriver de nouveau à Madagascar. Ils n'eurent, pendant tout ce temps, pour subsister que la bande de lard, le peu d'eau qui était dans une barrique, et quelques petits crabes qu'ils avaient trouvés flottant à la surface de la mer. Ils firent régulièrement leurs prières deux fois par jour, et, en mettant le pied à terre, ils rendirent grâces à Dieu de les avoir miraculeusement sauvés de ce danger imminent.

Les cinq hommes qui abordèrent à Madagascar étaient quatre Anglais, nommés Jacques Holland, Étienne Wicks, Guillaume Eadnelle et Jean Dean, auteur de cette relation, qui n'a pas fait connaître le nom du cinquième. Au reste, de ces cinq infortunés, il n'échappa à la mort que le seul Jean Dean. Ils vit successivement expirer de faim et de fatigues ses quatre malheureux compagnons, dans les différentes courses qu'il leur fallut faire dans l'île vaste et montueuse de Madagascar. Cependant il rend justice aux rois nègres qui la gouvernaient et à l'humanité de leurs sujets, qu'on se représente comme des barbares : il y en eut qui furent assez sensibles à leurs souffrances pour partager avec eux le peu de vivres qu'ils possédaient, et pour porter sur leurs épaules ceux qui ne pouvaient plus marcher.

Enfin, après avoir erré pendant plusieurs mois, Dean arriva à Joungoult, lieu de la résidence d'un des rois de Madagascar. Il aperçut deux bâtiments dans ce port, et apprit avec bien du plaisir que l'un était anglais, ce qui ranima ses espérances de revoir sa patrie, et de recueillir le fruit des souffrances et des dangers qu'il avait essuyés.

Son espoir ne fut point déçu : le capitaine le fit embarquer avec lui dans son canot, et il arriva heureusement à bord du *Prince-Guillaume*, vaisseau de la compagnie des Indes, destiné pour Bombay. Quelle joie pour Dean de se trouver au milieu de ses compatriotes! Ils se félicitèrent tous de son arrivée à bord, et se réjouirent cordialement de ce qu'il avait échappé à tant de dangers, miracle dont la bonté et la miséricorde de Dieu l'avaient seules favorisé au milieu de ses compagnons d'infortune.

Dean, à son retour en Angleterre, envoya le récit de ses aventures à la compagnie des Indes, qui lui accorda une pension et ordonna de faire son portrait, que l'on voit encore à l'hôtel de la compagnie. Il mourut le 17 décembre 1747.

XVI

Relation du naufrage et incendie du vaisseau français *le Prince*, de la compagnie des Indes, allant du port de Lorient à Pondichéry, en 1752.

Le vaisseau *le Prince*, de la compagnie française des Indes, commandé par M. Morin et destiné pour Pondichéry, appareilla le 19 février 1752 de la rade du port de Lorient, pour se rendre au lieu de sa destination. A peine eut-il doublé l'île Saint-Michel, que, par les changements des vents, il se trouva dans l'impossibilité de doubler le banc du Turc. Les efforts les plus extraordinaires, soutenus des plus grandes précautions, ne l'empêchèrent pas de toucher sur ce banc de l'avant à l'arrière. « La bouche des canons était plongée dans l'eau, dit M. de la Fond, un des lieutenants du navire. Nous annonçâmes notre malheur par des signaux de détresse. M. Godeheu, commandant du port de Lorient, se transporta à bord pour animer l'équipage par sa présence et par ses ordres; on mit en sûreté, dans de petits bâtiments, toutes les caisses et marchandises les plus précieuses; on soulagea les deux côtés du navire; les plus pénibles travaux nous occupèrent toute la nuit. Enfin la marée du matin nous releva, et nous donna la facilité d'aller occuper un des postes de la rade de Port-Louis. Nous avions des voies d'eau qu'heureusement nos pompes franchissaient. Dans ce poste nous déchargeâmes le vaisseau de la moitié de sa cargaison, et huit jours après nous rentrâmes dans le port de Lorient, où on le déchargea entièrement. On le caréna encore, et on lui donna un nouveau doublage. Tant de précautions promettaient un heureux voyage; mais il s'en fallait beaucoup que ce vaisseau fût destiné à nous le procurer.

« Le 10 juin 1752, un vent favorable nous éloigna du port; mais après une heureuse navigation qui nous promettait l'accomplissement de tous nos vœux, nous éprouvâmes le plus affreux désastre. Le 26 juillet, le vent soufflait bon frais, au moment qu'on observait le point du midi; à l'entrée d'un quart que je devais commander, un homme annonça que la fumée sortait imperceptiblement du panneau de la grande écoutille. A cette nouvelle, le premier lieutenant, chargé des clefs de la cale, en fit ouvrir toutes les écoutilles pour découvrir la cause d'un accident dont les plus légers soupçons font toujours trembler les plus intrépides. Le capitaine, qui était à table dans la grande chambre, se présenta sur le gaillard et donna ses ordres pour étouffer le feu; je les avais déjà prévenus en faisant tremper dans la mer quelques voiles pour en couvrir les écoutilles, et par ce moyen empêcher l'air d'entrer dans la cale; j'avais même proposé, pour plus grande sûreté, de faire entrer l'eau dans l'entre-pont à la hauteur d'un pied. Mais l'air, qui avait déjà un libre passage par l'ouverture des écoutilles, occasionnait une très-épaisse fumée qui sortait avec abondance, et le feu s'anima de plus en plus.

« Le capitaine fit armer soixante à quatre-vingts soldats pour contenir l'équipage et éviter la confusion. Tout le monde était occupé à jeter de l'eau; on fit usage des seaux et de toutes les pompes, l'eau même des jarres fut répandue. Cependant la rapidité de l'incendie rendait toutes ces précautions inutiles et augmentait la consternation.

« Le capitaine avait déjà fait mettre à la mer la yole, uniquement parce qu'elle embarrassait; quatre hommes, dont le bosseman était du nombre, s'en emparèrent. Ils n'avaient pas d'avirons, ils hélèrent pour en avoir, et trois matelots, se jetant à la mer, conduisirent des avirons à bord de ce petit canot. On voulait faire revenir ces heureux fugitifs; ils crièrent qu'ils n'avaient pas de gouvernail, qu'il fallait donc leur jeter une amarre; mais, s'apercevant que le progrès de l'incendie ne leur laissait d'autre ressource que l'éloignement, ils nagèrent pour éviter une mort certaine, et le vaisseau, qui avait un peu d'air, les dépassa.

« On travaillait encore à bord : l'impossibilité de se sauver semblait augmenter le courage. Le maître d'équipage ne craignit pas de descendre dans la cale; mais la trop grande chaleur le força de remonter au plus vite; il aurait même été brûlé, si l'on n'eût jeté sur lui une grande quantité d'eau. Aussitôt après on vit sortir des flammes avec impétuosité du grand panneau. Le capitaine ordonna alors de mettre les bateaux à la mer; mais la crainte avait tellement épuisé les forces des plus intrépides, qu'ils ne pesaient que très-faiblement sur les palans. Le canot était cependant à une certaine élévation, on allait le lancer à la mer; mais, pour comble de malheur, le feu, dont l'activité redoublait à chaque moment, monta le long du grand mât avec tant de rapidité et de violence, qu'il brûla les cordes des palans; le canot, tombant alors sur les canons de tribord (la droite), versa sur le côté, et l'on perdit tout espoir de le relever.

« Nous vîmes en cet instant que nous ne devions plus mettre nos espérances entre les mains des hommes, mais dans la miséricorde de Dieu. L'accablement s'empara des esprits, la consternation devint générale, on n'entendit plus que des gémissements; les animaux mêmes poussaient des cris effroyables. Tout le monde commença alors à élever son cœur et ses mains vers le ciel, et, dans la certitude d'une mort prochaine, chacun n'était plus occupé que de l'affreuse alternative entre les éléments prêts à nous dévorer.

« L'aumônier, qui était sur le gaillard d'arrière, donna l'absolution générale, et passa dans la galerie pour en accorder le bienfait aux malheureux qui s'étaient déjà précipités dans les flots. Quel horrible spectacle! chacun n'est occupé qu'à jeter à la mer tout ce qui peut lui procurer un instant de vie ; cages, vergues, planches, tout ce qui se présente sous la main égarée par le désespoir est saisi, arraché. La confusion est extrême : les uns semblaient aller au-devant la mort en se jetant à la mer; les autres gagnaient à la nage les premiers débris du vaisseau; les haubans, les vergues, les cordes le long du bord, tout était rempli de malheureux qui y étaient suspendus et comme hésitant entre deux extrémités également terribles et pressantes.

« Toujours incertain du sort que la Providence me destinait, je vis un père arracher des flammes son fils, l'embrasser, le jeter à la mer, le suivre, le saisir et mourir avec lui. J'avais fait mettre la barre à tribord; le vaisseau arriva, et cette manœuvre nous conserva quelque temps de ce côté, pendant que l'incendie ravageait le côté de bâbord, de l'avant à l'arrière. J'avais été si occupé jusqu'alors, que je ne pensais qu'à la conservation du vaisseau. Les horreurs d'un double genre de mort se présentèrent à moi dans ce moment; mais le Ciel voulut bien me conserver toute ma fermeté. Je jette les yeux de tous côtés, je me vois seul sur le pont. Les vergues et les mâts étaient chargés d'hommes qui luttaient contre les flots autour du vaisseau, et dont plusieurs étaient emportés à chaque instant par des boulets que la flamme faisait sortir des canons, troisième genre de mort qui augmentait encore l'horreur dont nous étions environnés. Le cœur serré d'angoisses, je détourne mes regards vers la mer. Un moment après j'entre dans la galerie du côté de tribord; je vois la flamme sortir avec un bruit épouvantable par les fenêtres de la grande chambre et celle du conseil. Le feu m'approchait et allait me dévorer; ma présence était alors inutile pour la conservation du vaisseau et le soulagement de mes frères. Dans cette fâcheuse situation, je crus devoir prolonger les dernières heures de ma vie, pour les donner à Dieu. Je me décharge de mes habits, je veux me laisser rouler le long d'une vergue dont un bout touchait à la mer; mais elle était si chargée de malheureux que la crainte de se noyer y retenait encore, que je roulai pardessus eux, et je tombai dans la mer, en me recommandant à la miséricorde du Ciel. Un soldat vigoureux qui se noyait me saisit dans cette extrémité; je fais les derniers efforts pour m'en débarrasser, mais inutilement. Je me laisse couler au-dessous de l'eau, il ne me quitte pas pour cela; je replonge une seconde fois, mais il me tient toujours ferme; il ne peut pas même penser que ma mort hâte la sienne, plutôt que de lui être utile. Enfin, après un temps considérable de combats, ses forces étant épuisées par la quantité d'eau qu'il avalait, et voyant que je me replongeais pour la troisième fois, il crut que j'allais l'entraîner au fond de la mer; il me laissa la liberté. Pour ne plus lui donner prise, je m'élevai au-dessus de l'eau à quelque distance de lui.

« Cette première aventure m'inspira plus de précautions dans ma route : j'évitais même les cadavres; le nombre en était déjà si grand, que pour me donner un libre passage j'étais obligé de les éloigner d'une main en me soutenant de l'autre. Mes forces, commençant à diminuer, ne m'annonçaient que trop que j'avais besoin d'une station; une vergue s'offrit à mes yeux; elle était toute chargée de monde, et je n'osai y prendre place sans en demander la permission, que ces infortunés m'accordèrent volontiers. Les uns étaient tout nus, et les autres en chemise : ils avaient encore la bonté de plaindre mon sort, et leur malheur mettait ma sensibilité à la plus rude épreuve.

« Le grand mât brûlé par le pied, et tombant à la mer, donna par sa chute la mort aux uns, et aux autres une faible ressource; je vis ce mât, chargé de monde, abandonné au gré des flots. Dans le moment j'aperçus deux matelots sur une cage à poules; je leur criai : « Mes enfants, les portières à la main, nagez jusqu'à moi. » Ces portières sont des planches de sapin. Ils m'approchèrent accompagnés de quelques autres; je saisis cette cage, et tous, une portière à la main, qui nous servait d'aviron, nous allâmes nous joindre à ceux qui s'étaient emparés du grand mât. J'y rencontrai heureusement l'aumônier, qui me donna l'absolution. Nous étions près de quatre-vingts hommes, tous menacés d'être emportés par les boulets que la flamme chassait des canons. Hélas! notre capitaine, M. Morin, qui ne quitta point le vaisseau, fut sans doute enseveli sous ses ruines. Je vis aussi sur le mât deux jeunes demoiselles dont la piété m'édifia : il y avait six femmes sur le vaisseau, les quatre autres étaient déjà noyées ou brûlées. Notre cher aumônier, dans cette affreuse situation, touchait les cœurs les plus insensibles par ses pieux discours et ses exemples de patience et de résignation. L'ayant vu tourner sur le mât et tomber à la mer, comme j'étais derrière lui je le relevai. « Laissez-moi aller, me dit-il, je suis rempli d'eau, et je ne ferai que prolonger mes souffrances. — Non, mon frère, lui dis-je, nous mourrons ensemble quand les forces m'abandonneront. » Dans cette sainte compagnie, j'étais sans crainte, résigné à la mort; j'y restai trois heures, et je vis une des deux demoiselles tomber de lassitude et se noyer : elle était trop éloignée de moi pour que je pusse la soutenir.

« Comme j'y pensais le moins, j'aperçus la yole assez proche de nous; il était alors cinq heures du soir. Je criai alors aux rameurs que j'étais leur lieutenant, et leur demandai la permission de partager avec eux notre infortune. Ils m'accordèrent la liberté d'entrer dans leur canot, à la seule condition d'aller moi-même les joindre à la nage; il était de leur intérêt d'avoir un conducteur pour découvrir la terre. Je rassemblai toutes mes forces, et je fus assez heureux pour y parvenir à la nage. Peu après j'aperçus le pilote et le maître, que je venais de laisser sur le grand mât, tous deux suivre mon exemple; ils vinrent à la nage vers la yole, et nous les reçûmes.

Cet heureux canot fut l'arche qui sauva les dix personnes qui échappèrent seules de près de trois cents.

« Cependant les flammes dévoraient toujours notre vaisseau, et nous n'en étions éloignés que d'une demi-lieue; notre trop grande proximité pouvant nous être funeste, nous nageâmes un peu au vent. Peu de temps après, le feu s'étant communiqué à nos poudres de cargaison, je ne saurais exprimer avec quel fracas notre malheureux navire sauta en l'air. Un nuage des plus épais nous déroba la lumière du soleil; dans cette affreuse obscurité nous n'aperçûmes que de grosses pièces de bois en feu, lancées au milieu des airs, et dont la chute menaçait d'écraser nombre d'infortunés qui luttaient encore contre les dernières atteintes de la mort. Nous n'étions pas nous-mêmes à l'abri des plus grandes frayeurs; un de ces débris pouvait nous atteindre et engloutir notre frêle nacelle.

« Grâce au Ciel, ma fermeté ne m'abandonna pas : je proposai d'aller vers ces débris pour tâcher de trouver quelques vivres et autres choses nécessaires. Nous avions besoin de tout, et nous étions exposés à mourir de faim, mort plus lente et plus cruelle que celle de nos frères. La nuit approchait : Dieu, qui voulait notre conservation, nous fit trouver une barrique d'eau-de-vie, environ quinze livres de lard salé, une pièce d'écarlate et quelques cordes. La nuit nous surprit, et nous ne pouvions pas perdre le temps à attendre le jour, sans nous exposer cent fois à périr parmi les débris, dont nous n'avions pu encore nous dégager. Nous nous éloignâmes donc le plus promptement qu'il nous fut possible, pour nous occuper de l'armement de notre nouveau bâtiment. Un aviron nous tint lieu de mât; une gaffe, de vergue; notre pièce d'écarlate nous fournit une voile. Il ne s'agissait plus que de diriger la route; nous n'avions ni carte ni instrument de marine, et nous étions à près de deux cents lieues de terre. Nous nous abandonnâmes à la miséricorde divine, dont nous implorâmes l'assistance par de ferventes prières.

« Nous voguâmes huit jours et huit nuits sans apercevoir la terre, exposés tout nus aux rayons brûlants du soleil et au froid piquant de la nuit. Le sixième jour, une petite pluie nous fit espérer un peu de soulagement à la soif qui nous dévorait; nous tâchions de recueillir avec la bouche et les mains le peu d'eau qui tombait. Nous léchions notre voile d'écarlate; mais cette étoffe, déjà imbibée d'eau de mer, en communiquait l'amertume à la pluie qu'elle recevait. D'un autre côté, si la pluie avait été plus forte, elle aurait pu faire tomber le vent qui nous poussait, et le calme nous aurait à la fin fait périr. Pour fixer les incertitudes de notre route, nous consultions chaque jour le lever et le coucher du soleil et de la lune. Un très-petit morceau de lard salé nous fournissait un repas pour vingt-quatre heures; encore fûmes-nous obligés de l'abandonner au quatrième jour, parce qu'il nous occasionna un crachement de sang. Un coup d'eau-de-vie, de temps en temps, faisait notre boisson; mais cette liqueur nous brûlait l'estomac sans l'humecter.

« Je passai la huitième nuit au gouvernail; j'en tins la barre pendant plus de dix heures en demandant souvent qu'on me relevât; j'y succombais; mes malheureux compagnons étaient dans le même état d'épuisement, et le désespoir commençait à s'emparer de nous. Enfin, presque anéantis de fatigue, de misère, de faim et de soif, nous découvrîmes la terre aux premiers rayons du soleil, le mercredi 3 août 1752. Il faudrait avoir éprouvé nos malheurs pour imaginer la révolution que la joie fit en nous. A deux heures après midi nous abordâmes la côte du Brésil, et nous entrâmes dans la baie de Tesson; une lieue plus loin, nous étions brisés à la côte de Fer. Notre premier soin, en mettant pied à terre, fut de remercier le Ciel de la faveur qu'il nous accordait; nous nous précipitions sur cette plage tant désirée, et, dans le transport de sa joie, chacun de nous s'y roulait sur le sable. Notre aspect était horrible; nos figures ne conservaient encore quelque chose d'humain que pour annoncer plus sensiblement nos malheurs. Les uns étaient tout nus, les autres n'avaient que des chemises pourries et en lambeaux; j'avais pris une ceinture d'écarlate pour paraître à la tête de mes compagnons.

« Nous fûmes reçus, par tous les Portugais qui nous virent, avec les sentiments de la plus touchante humanité. Arrivés à Paraïbo, le gouverneur de cette place nous accueillit comme des frères échappés aux plus grands périls. Nous voulions nous rendre promptement à Fernambouc, pour profiter de l'occasion d'une flotte portugaise qui devait incessamment faire voile pour l'Europe. Après quatre jours de marche, moi sur un cheval qu'on m'avait prêté parce que j'avais les pieds déchirés, nous entrâmes dans la ville de Fernambouc. Le général de la flotte, don Juan d'Acosta de Brito, nous combla de politesses et de bontés. Me voyant nu, il me donna un habillement complet. Le général de terre, don Joseph Corréa, ne déploya pas moins d'humanité à notre égard. Il me fit l'honneur de m'admettre à sa table, me fit faire aussi un habit complet, et me donna une épée. Quatre jours après il m'honora d'une visite, et répandit ses libéralités sur mon équipage, auquel il fit présent de dix pièces d'or, que je distribuai proportionnellement au rang de chacun.

« Pendant cinquante jours que nous demeurâmes dans cette ville, don Juan d'Acosta de Brito ne cessa de me combler d'honnêtetés et de nouvelles faveurs. Il me donna sa maison, sa table. Sa générosité s'étendait sur tous mes compagnons d'infortune; il la porta jusqu'à les faire mettre en remplacement sur les vaisseaux de sa flotte, pour leur procurer des appointements.

« Nous partîmes enfin le 5 octobre, et nous arrivâmes à Lisbonne le 17 décembre. M. du Vernay, consul de France, à qui je fus présenté, me procura un petit bâtiment de Morlaix, sur lequel nous montâmes, le maître d'équipage et moi; mes autres compagnons furent distribués sur d'autres bâtiments.

« Je me rendis à Lorient le 10 février 1753, accablé de misère, dénué de tout ce que je possédais au monde, après vingt-huit ans de service; joignez à cela un sang altéré par les maux que je venais d'essuyer. »

XVII

Naufrage d'un vaisseau de la compagnie des Indes hollandaises sur la rade du cap de Bonne-Espérance, en 1773. — Action héroïque de Woltemad.

Le 1er juin 1773, il s'éleva un vent très-violent du nord-ouest, accompagné de terribles rafales de pluie; il continua la nuit suivante avec tant de force, qu'un des quatre vaisseaux de la compagnie, qui était encore en rade, eut les câbles de ses quatre ancres successivement rompus, et fut jeté sur un banc de sable vis-à-vis du rivage de Zont-Rivier, où le poids de sa cargaison le fit fendre en deux. Les flots montaient à une telle hauteur, et la rivière était si prodigieusement enflée, qu'on pouvait à peine la traverser.

Il serait difficile d'évaluer la perte que la compagnie des Indes essuya par ce naufrage; pour comble de malheur, la plus forte partie de l'équipage périt de la manière la plus déplorable, faute de secours. Soixante-trois hommes seulement se sauvèrent, et cent quarante-neuf furent noyés; et l'on doit avouer, à la honte de l'humanité, que l'on mit beaucoup plus d'activité à sauver les marchandises qu'à porter des secours à ces infortunés : ceux mêmes qui savaient nager ne furent pas plus heureux; car, entraînés par les vagues, ils venaient se briser les membres et le corps contre les rochers, d'où ils étaient repoussés au milieu de la mer.

Immédiatement après le naufrage du bâtiment, dès la pointe du jour, on prit les plus sages mesures pour sauver les marchandises appartenant à la compagnie; mais il ne paraît pas qu'on se soit occupé des hommes. Trente soldats de la citadelle, commandés par un jeune lieutenant, eurent ordre de se rendre au lieu du naufrage et de bien veiller à ce qu'il ne se commit aucun vol.

On dressa une potence avec un placard qui menaçait de la corde, sans aucune forme de procès, tous ceux qui approcheraient. Aussi les bourgeois compatissants, qui étaient venus de la ville exprès pour donner quelques secours aux malheureux, furent obligés de retourner sur leurs pas, après avoir été témoins de la dureté et de l'insouciance de plusieurs chefs, qui ne paraissaient pas même s'apercevoir qu'il y avait sur le navire des hommes affaiblis par la faim, par la soif et la fatigue, et encore plus par le désespoir.

Parmi une foule de particularités qui contribuèrent à rendre cette catastrophe encore plus lamentable, il suffira de citer le traitement qu'essuya le constable, qui fut assez heureux pour être du nombre de ceux qui se sauvèrent. Jeté nu et demi-mort sur le rivage, il vit son coffre devant lui, et demanda au lieutenant la permission d'en tirer son surtout; mais celui-ci le lui refusa, quoiqu'il vît bien la clef attachée au coffre à la manière des marins et le nom du pauvre constable gravé sur le coffre même. Cet officier crut sans doute donner une grande marque de son zèle en accompagnant son refus de coups de canne, qu'il eut la barbarie d'appliquer sur le dos nu et sanglant d'un infortuné qui n'avait pas besoin d'implorer la pitié pour l'exciter.

Enfin, après avoir passé la journée entière exposé au vent, au froid, sans le moindre vêtement et mourant de besoin, il fut conduit à la ville avec ceux que la Providence avait conservés. Quand on lui donna la permission de fouiller dans son coffre pour y prendre des hardes, il le trouva complètement dévalisé. Un bourgeois touché de compassion ôta son propre surtout et le lui donna.

« Les détails que l'on vient de présenter, dit l'auteur anonyme de cette relation, laisseraient dans l'esprit des lecteurs des sentiments trop pénibles pour ne pas les racheter par une anecdote vraiment touchante : il est si doux de rencontrer un homme généreux et bienfaisant parmi des monstres altérés de sang et d'or. »

Un vieillard européen nommé Woltemad, chargé du

soin des animaux vivants de la ménagerie située au-dessus du jardin, avait un fils, caporal dans la garnison de la citadelle, et qui fut un des premiers commandés pour aller à l'endroit où l'on devait poser la garde pour la sûreté des marchandises qui seraient retirées du naufrage. Ce digne père emprunte un cheval, et va de très-grand matin porter une bouteille de vin et un pain à son fils; il était de si bonne heure, qu'on n'avait pas encore dressé la fatale potence, ni placardé les horribles affiches qui en indiquaient la coupable destination. Tandis que ce vieillard s'entretenait avec son fils, il entendit les cris de ces malheureux qui se lamentaient sur le navire échoué; plein de confiance dans son cheval, il s'élance avec lui à la nage, parvient jusqu'au navire, encourage quelques-uns des naufragés à tenir ferme le bout d'une corde qu'il leur jette, et dit à deux de ces infortunés de s'attacher à la queue de son cheval.

L'animal était excellent nageur; sa haute stature et la force de ses muscles triomphèrent de la violence des coups de mer. Woltemad amena sur le rivage les deux infortunés vivants. Encouragé par ce premier succès, il répéta six fois ce dangereux voyage, et sauva ainsi quatorze hommes. Au septième voyage, le cheval lui parut si épuisé, qu'il resta un peu plus de temps à terre pour le laisser reposer. Les malheureux qui étaient encore sur le navire crurent qu'il n'avait plus l'intention de revenir; ils redoublèrent leurs prières et leurs cris. L'âme sensible de Woltemad fut émue; il s'élance encore au milieu des flots. Ce dernier acte de générosité lui coûta la vie. Un trop grand nombre de personnes saisirent à la fois le cheval; un homme, entre autres, s'attacha à la bride et attira sous l'eau le pauvre animal, qui succomba sous la charge, et tous furent noyés.

« L'héroïque dévouement de Woltemad est d'autant plus admirable, que ce généreux vieillard ne savait pas nager; il prouve combien on aurait pu sauver de monde en attachant au vaisseau une corde le long de laquelle un homme se serait coulé, soit en se tenant avec les mains, soit en se mettant dans un grand panier dont on aurait passé l'anse dans la corde même.

« Que ne peut-on terminer ce récit affligeant et honteux pour l'humanité par quelque acte de générosité ou plutôt de justice de la part du gouvernement du Cap envers la mémoire de Woltemad! Son fils demanda à lui succéder dans la misérable place de gardien à la ménagerie : elle fut donnée à un autre. La seule faveur qu'il put obtenir, et qu'on regarde généralement ici comme une punition, ce fut d'aller chercher fortune à Batavia, où son frère était établi depuis quelque temps, et faisait le commerce. Mais le jeune caporal ne put résister au mauvais air de l'île et au chagrin qui le minait : une mort prématurée l'empêcha de jouir des hommages que les directeurs de la compagnie en Hollande ont rendus à la mémoire de son vertueux père.

« Frappés d'admiration, ils demandèrent à la régence du Cap de pourvoir le plus promptement possible à l'avancement des enfants de Woltemad qui pouvaient être employés dans les départements civils ou militaires; ils ordonnèrent aussi que l'on donnât à un vaisseau nouvellement construit le nom de ce héros de l'humanité, et qu'on peignît sur la poupe tous les détails de cette action à jamais mémorable. Il est donc vrai qu'en tous pays et dans tous les temps la récompense honorable des belles actions n'arrive souvent qu'après la mort de ceux qui l'ont méritée. »

XVIII

Naufrage du vaisseau anglais *l'Union*, sur un banc de sable de l'île de Ré, en 1775.

« Le 6 octobre 1775, dit l'auteur de la relation (M. Widebourg, lieutenant dans les troupes hanovriennes), nous nous embarquâmes à Rizenbutel, au nombre de cent quatre-vingt-sept hommes, à bord du vaisseau *l'Union*, commandé par le capitaine Neal, et le 1er novembre nous mîmes à la voile pour Gibraltar. Notre navigation fut heureuse jusqu'au 13 du même mois; mais le 14, entre sept et huit heures du matin, le capitaine vint d'un air consterné nous annoncer que le vaisseau avait fait tant d'eau, qu'il ne tarderait pas à couler à fond. Il fit mettre sur-le-champ à la mer trois chaloupes, et exhortait les officiers, qui étaient accourus, à s'en servir pour atteindre un bâtiment de transport peu éloigné de nous. Les officiers sautèrent dans une des chaloupes qui, étant encore prise dans les cordages, chavira : ils furent tous engloutis par les vagues.

« Le capitaine vit ce triste spectacle ; mais ne songeant qu'à se sauver lui-même, et oubliant le devoir de sa place, qui l'assujettissait à sortir le dernier du vaisseau, il s'élança avec plusieurs matelots dans une autre chaloupe, et, craignant que nos soldats ne les y suivissent, il cria au pilote de couper les cordes d'un côté de la chaloupe, tandis qu'il courut à l'autre bout pour la dégager. Les soldats, justement alarmés du danger, voulaient abandonner le vaisseau ; mais je les retins par la promesse que je leur fis de vivre ou de mourir avec eux. Au lieu de se concerter et d'agir ensemble, le capitaine et le pilote ne coupèrent pas les cordes au même instant: la chaloupe entra d'un côté dans l'eau, et fut submergée devant nos yeux : un seul matelot regagna le vaisseau. Ces tristes événements se passèrent dans l'espace d'un quart d'heure.

« Nous nous trouvâmes alors dans la circonstance la plus affreuse. Le vaisseau était plein d'eau, et il ne nous restait que six matelots ignorants et incapables de le gouverner. Dans une situation aussi affligeante, il était presque certain que nous allions devenir les victimes des fausses alarmes du malheureux capitaine. J'engageai tous ceux qui étaient restés à bord à pomper sans relâche; nous donnâmes en même temps les signaux de détresse, pour être secourus d'un autre bâtiment qui se trouvait à peu de distance de nous; mais, la mer étant excessivement agitée, il ne nous restait presque point d'espérance de nous sauver. Le vent éteignit le fanal que nous avions allumé dans la nuit, et il est probable que nos voisins nous croyaient engloutis, puisque dès le lendemain ils avaient disparu.

« Nous résolûmes de nous rapprocher de la première terre, et nous comptions que nous pouvions être à quarante à cinquante lieues du cap Finistère. Tous les bras ne discontinuèrent pas de pomper pendant deux jours. Dans l'après-midi du 15, nous découvrîmes terre à notre droite, et nous nous laissâmes aller de ce côté jusqu'à la nuit. A huit heures du soir nous aperçûmes une lumière. Le matelot qui gouvernait laissa aller le vaisseau droit sur la terre : heureusement pour nous une grosse lame nous porta sur un banc de sable, où le vaisseau resta, et cet événement ranima nos espérances. Nous n'étions cependant point encore en lieu de sûreté : de fortes vagues passaient sans cesse sur nos têtes, et menaçaient à chaque instant de briser notre vaisseau.

« Le 16 au point du jour nous vîmes beaucoup de monde accourir sur le rivage, et entre autres une partie du régiment royal corse. Nous fûmes bientôt instruits que nous étions sur la côte de l'île de Ré. Le lieutenant-colonel de Mareghé se donna toutes les peines imaginables pour nous faire apporter des secours, et les soldats exposèrent plus d'une fois leur vie pour sauver la nôtre : nous devons en particulier les mêmes éloges à MM. de Falière et Giraud. Quoique nous fussions près de la terre, nous ne pouvions point la gagner sans courir le plus grand danger ; et cependant on compta vers le soir jusqu'à soixante-cinq soldats et matelots qui furent sauvés par le courage et par les efforts étonnants de la garnison et des habitants : tous furent logés dans les casernes et pourvus de tout ce qui pouvait leur être nécessaire.

« Le 17, on ne put transporter à terre que cinquante-cinq hommes, à cause de la violence extrême du vent. Le 18, on sauva tous ceux qui étaient restés, et l'on se flattait même de pouvoir retirer une partie de la cargaison. Les drapeaux du régiment furent confiés entre les mains du lieutenant du roi. Il a péri dans ce naufrage six officiers, un chirurgien, quatre sous-officiers, sept soldats, plusieurs matelots et une femme. Le comte de Genlis, inspecteur des troupes des colonies, s'est toujours trouvé présent pendant qu'on travaillait à nous transporter à terre. En général, nous devons la plus grande et la plus vive reconnaissance à une nation qui sut risquer sa propre vie pour sauver celle des autres. »

XIX

Naufrage du vaisseau français *le Duras*, dans la mer des Indes, près des îles Maldives, en 1777.

Le récit d'un voyage désastreux, où l'on voit une femme jeune et délicate se conduire en héroïne dans les circonstances les plus critiques, doit intéresser tous les lecteurs.

M. Chevreau, commissaire ordonnateur, arriva à l'île de France avec son épouse, au mois d'août 1777. Il devait, conjointement avec M. de Bellecombe, aller faire l'inspection de l'établissement de Madagascar; mais la saison ne permettant plus à la frégate *la Consolante*, qui les portait, de gagner Pondichéry autrement que par la route la plus longue, M. Chevreau laissa son épouse à l'île de France, pour venir la joindre dans la saison où les traversées ne sont que d'un mois, et se font toujours sous un ciel serein. L'impatience de Mme Chevreau, née à Lorient, qui n'avait alors que vingt-trois ans, ne lui permettant pas d'attendre que la mousson (vent contraire) fût passée, elle s'embarqua sur le *Duras* avec Mlle Goupil, jeune personne de quatorze ans, qui allait à Pondichéry dans le sein de sa famille. Le vaisseau fut tourmenté par tous les mauvais temps possibles. Le 7 avril, on dirigea la route pour passer entre les Maldives et les Pacgardives, archipel qui se prolonge parallèlement à la côte de Malabar. Un vent frais et favorable faisait déjà oublier les traverses qu'on avait éprouvées; on se flattait de naviguer avec sécurité; et, quelque sombre que fût la nuit du 11 au 12 avril, aucun indice ne faisait craindre de rencontrer la terre. Chacun se livrait aux douceurs du repos qu'une nuit fraîche rendait plus paisible, lorsque, vers les deux heures du matin, l'officier chargé de veiller à la manœuvre crut apercevoir quelque chose de blanc. Il crie au timonier de changer la route; mais il n'était plus temps, le vaisseau échoue avec une force proportionnée à sa vitesse.

Tout le monde s'éveille avec terreur; la nuit semble devenir plus obscure, et les yeux cherchent en vain à percer les ténèbres qui environnent le vaisseau. On ne sait si les écueils sur lesquels il talonne sont isolés au milieu de la mer, ou s'ils tiennent à quelque terre; enfin, au bout d'une demi-heure, on aperçoit un feu sur une petite île. Cette vue, au milieu des horreurs d'un danger aussi pressant, fait luire un rayon d'espérance, et l'on s'occupe des moyens d'échapper au naufrage. Le mât d'artimon tombe sous les coups de la hache; et, après avoir mis à la mer la chaloupe et le canot, on travaille à décharger le vaisseau du fardeau dangereux de ses autres mâts, qu'on n'abat qu'avec peine. Les lames, qui viennent avec fureur frapper contre le vaisseau, le soulèvent pour le laisser retomber sur les rochers, où l'on craint à chaque instant de le voir s'entr'ouvrir. Mme Chevreau semble oublier la faiblesse de son sexe, elle se revêt de l'habit qui peut le moins l'embarrasser, monte sur le tillac, rassure par sa confiance la jeune personne qui l'accompagne, anime les officiers par son intrépidité, encourage les matelots par ses paroles, et ne montre aucun empressement d'être sauvée la première. Une secousse plus violente se fait sentir; tout l'équipage croit toucher à son dernier moment. « Ah! Dieu! s'écrie Mme Chevreau, que je suis heureuse que mon mari ne soit pas ici! » Exclamation touchante et sublime dans une circonstance où le cœur, livré à ses propres mouvements, ne peut ni feindre ni exagérer ses sentiments.

Trois heures se passent à préparer les moyens de se

sauver avec des vivres pour subsister, et quelques armes pour se défendre. Le canot s'étant brisé, on redoute le même sort pour la chaloupe, et tout l'équipage s'occupe à former un radeau. Le point du jour permet enfin de distinguer quelques objets, et l'on aperçoit plusieurs noirs sur la crête du récif, à cent vingt toises du vaisseau. On les invite à prêter du secours, mais ils s'y refusent; on tire plusieurs coups de fusil en signe de détresse, rien n'est capable d'engager ces noirs à s'approcher du vaisseau. On ne peut espérer de gagner la terre sur le radeau sans avoir un point de retenue: un matelot propose de l'établir; il nage vers les rochers chargé d'une corde légère, et facilite les moyens de conduire successivement le radeau du navire au récif.

Mme Chevreau descend avec confiance sur le radeau. Une lame l'emporte; elle se raccroche à une corde et se place sans effroi à côté de Mlle Goupil. Le radeau arrive au récif, qu'un quart de lieue sépare de terre; Mme Chevreau marcha pendant une demi-heure sur un fond de corail, ayant de l'eau jusqu'aux aisselles. Après avoir abordé la terre, des insulaires les reçoivent avec humanité et les conduisent sous un hangar couvert de feuilles, où ils leur présentent une boisson rafraîchissante, composée d'eau de coco et de jus exprimé de cannes à sucre, du poisson salé et du tabac à fumer. L'intérêt que la souffrance inspire à l'homme le plus sauvage se manifeste dans les soins que donnent les habitants de l'île Ymitaï à Mme Chevreau et à Mlle Goupil. Touchés de la délicatesse de leur sexe ou de celle de leurs traits, ils disposent un lit de rotins (roseaux des Indes fendus en lanières) pour les coucher.

Le chef du lieu vint voir le capitaine lorsqu'il mit pied à terre; et, après lui avoir promis, moyennant paiement, du riz pour l'équipage, il écrivit à son roi sur cet événement. Le 21 il en reçut l'ordre de traiter les naufragés comme des amis malheureux auxquels il accordait secours et assistance, et qu'il ne tarderait pas à faire transporter dans son île. En effet, le 24, un grand bateau suivi de plusieurs autres vint ranimer un espoir qui ne fût pas trompé : le premier ministre, le général des armées et un interprète portugais vinrent complimenter les dames de la part du roi, et les assurer de l'intérêt qu'il prenait à leur malheur. La brise ne permit de partir que le 27, à cinq heures du soir. Mme Chevreau et Mlle Goupil, avec deux officiers passagers et le capitaine, montèrent sur un grand bateau, long et pointu par devant, n'ayant qu'un mât fort incliné sur l'arrière et garni d'une voile latine. Au bout de vingt-quatre heures ils arrivèrent à l'île du roi.

Le monarque des Maldives fit dire à Mme Chevreau qu'il voulait prouver, par les honneurs qu'il lui ferait rendre, combien il était ami de sa nation et s'estimait heureux que ce naufrage lui en fournît l'occasion. En conséquence, lorsqu'elle descendit à terre, elle fut reçue par une salve de l'artillerie de l'île, qui est fortifiée dans tout son pourtour. Le grand vizir vint au-devant d'elle sur le rivage, la fit placer sous un dais à côté de Mlle Goupil, et elles marchèrent au bruit des instruments de musique, entre deux files de soldats, jusqu'à une grande maison royale que le prince avait fait disposer pour les recevoir.

La reine témoigna quelque désir de voir les deux Françaises : on éleva une salle de verdure entre le palais de la reine et la maison de Mme Chevreau. Elles y entrèrent en même temps par deux portes qui correspondaient à leurs appartements, et s'avancèrent l'une vers l'autre. Mme Chevreau, attendu son dénûment, avait pour habit de cérémonie un petit casaquin, un jupon et un mouchoir autour de la tête. La reine était vêtue d'une espèce de robe longue, qui ressemblait assez aux aubes de nos prêtres; son cou, ses bras, ses jambes étaient chargés d'ornements et de bijoux d'or. La visite dura une heure; on s'assit, on mangea du bétel, et la reine fit faire quelques questions à Mme Chevreau.

Ces dames s'embarquèrent le 15 mai sur la *Bretagne*, commandée par M. le Thermillier. Elles arrivèrent à Pondichéry avec MM. de Saussois et de Barre, officiers d'infanterie, passagers. C'est d'eux qu'on apprit les détails intéressants de ce naufrage, où le sexe le plus faible l'a disputé au nôtre en courage et en résolution.

XX

Relation du naufrage de M. Saugnier, longtemps esclave des Maures et de l'empereur du Maroc, année 1784.

« Je m'embarquai à Bordeaux le 19 décembre 1783, sur le vaisseau *les Deux-Amies*, capitaine Carsin. Nous restâmes dix jours en rivière, contrariés par les vents; le onzième on mit à la voile. Arrivés près du cap Finistère, nous reçûmes de violents coups de vent, qui nous tinrent à la cape (les voiles pliées) cinq jours de suite. On parlait d'aller relâcher dans quelque port voisin; mais, le vent s'étant calmé, on se remit en route.

« Le 16 janvier 1784, à quatre heures du matin, sans qu'on eût aperçu la terre, le vaisseau heurta violemment. La secousse horrible que reçut le navire en donnant sur un banc de sable nous fit tous sortir de nos lits. On ne distinguait rien; des cris lamentables se faisaient entendre de tous côtés. Les matelots couraient au hasard sur le pont. La lame nous couvrait entièrement. L'obscurité de la nuit, l'horrible bruit des vagues, l'ignorance où étaient les chefs du lieu où ils avaient échoué, le danger présent, tout nous fit perdre la tête et nous plongea dans l'anéantissement.

« Cependant notre navire, de construction hollandaise, faisant très-peu d'eau, il eût été facile de jeter une ancre, de l'alléger et de le mettre à flot; mais personne ne pensa dans le moment à une manœuvre aussi simple, qui nous eût tous sauvés. On s'en remit à la volonté de l'Être suprême, on attendit le jour sans prendre aucune résolution.

« Sur les cinq heures et demie, le navire, battu par

les lames qui se succédaient continuellement, fit eau avec abondance.

« Nous ne tardâmes point à voir paraître sur la côte une foule de Maures. Ces peuples, connus dans nos contrées sous le nom générique de Maures, forment cependant diverses nations. Ceux que nous aperçûmes descendent des Arabes errants et fugitifs, Portugais qui se réfugièrent dans le Sahara (vastes déserts d'Afrique), lorsque les chérifs s'emparèrent des trois royaumes de Barbarie. Ceux qui occupent le pays où nous fîmes naufrage se nomment Mongearts; ils n'ont que des chefs de hordes.

« Le capitaine, qui, tout en donnant des ordres, paraissait avoir conservé son sang-froid, perdit tout à coup la tête, et ne pensa plus qu'aux moyens les plus sûrs de se donner la mort, et de nous délivrer en même temps des maux que nous avions à craindre. Son dessein était de faire sauter le navire; plusieurs milliers de poudre dans la sainte-barbe en rendaient l'exécution facile. Il nous fit tous monter sur le pont, et nous exhorta à la mort en mettant le feu aux poudres. Plusieurs furent assez désespérés pour adopter ce conseil. Nous allions tous périr, sans le courage du sieur Bardon, sous-lieutenant du bataillon d'Afrique. Le sabre à la main, et secondé des officiers, il menaça d'égorger le premier qui oserait s'approcher de la sainte-barbe. L'équipage se retira sur le devant du vaisseau, et plusieurs d'entre nous restèrent à veiller sur la conduite du capitaine, qui semblait pourtant être revenu à des sentiments plus raisonnables. Il nous priait de lui pardonner un moment de faiblesse; mais s'étant jeté sur son lit, comme pour se procurer quelques instants de repos, il se tira deux coups de pistolet dans la bouche.

« Un tel événement ne découragea point l'équipage; le second capitaine assembla tout le monde, et l'on se mit à faire un radeau, sur lequel dix seulement d'entre nous purent se placer. La lame était si violente, qu'elle en enleva quatre.

« Nous n'étions plus que onze; nous nous empressâmes à faire un nouveau radeau; il fut bientôt terminé. Quoique peu solide, cinq s'y placèrent; quatre arrivèrent sans accident. Nous restions six dans le navire; nous ne pouvions plus faire de radeau, le nombre des Maures occupés à piller dans le bâtiment ne nous en laissait point la liberté.

« Nous résolûmes de profiter des paquets qu'ils jetaient à la mer, de nous y tenir ferme, et par ce moyen de gagner le rivage. Je fus le premier à prendre ce parti: l'heureux succès que j'eus décida les matelots à suivre mon exemple.

« Les Maures nous divisèrent en plusieurs troupes pour nous emmener comme leurs esclaves, et, ne pouvant convenir entre eux du partage, ils se battirent avec acharnement. Enfin nos maîtres s'accordèrent sur leur proie, et chacun d'eux se mit en route pour nous conduire dans ses habitations. J'étais entièrement nu, comme les esclaves qui appartenaient aux Mouselemines, tandis que ceux des Mongearts, traités plus humainement, avaient des peaux pour se couvrir, et des hardes prises dans le naufrage.

« Cette diversité de mœurs dans des peuples si voisins me fit croire que sans doute mes compagnons n'avaient été bien traités par les Mongearts que parce que ces peuples sont accoutumés à voir des Européens dans la rivière du Sénégal; ce qui me fit penser que, si je pouvais leur appartenir, j'aurais sûrement le bonheur d'être conduit au Sénégal. Cette idée, vraie ou fausse, m'inspira le projet de m'éloigner, si cela m'était possible, de l'endroit où mon patron avait ses femmes et ses esclaves. On ne faisait presque point attention à moi; ce qui m'engagea, sur les neuf heures du matin, à m'enfoncer dans les terres, sans savoir où j'allais.

« J'eus à peine fait une demi-lieue, que je fus rencontré par des Maures qui me firent marcher à grands pas, et m'entraînèrent à leurs tentes, où je vis beaucoup de chèvres et de chameaux. Aussitôt que je fus arrivé, on me donna du lait et on me couvrit de plusieurs peaux cousues ensemble. Lorsque nous reprîmes notre marche, un Maure me fit monter derrière lui sur son chameau, et je continuai ainsi de voyager sans savoir où j'allais.

« Les négociants français et anglais établis à Mogador, instruits du malheur de notre vaisseau *les Deux-Amies* par les différents courtiers que le commerce les oblige de répandre dans la campagne, envoyèrent pour traiter de notre liberté : le Maure Bentahar, qui logeait chez mon maître, m'acheta cent quatre-vingts piastres fortes. Cet homme réunit en même temps cinq de mes camarades d'infortune. Nous partîmes pleins de joie pour nous rendre à Mogador. La crainte d'être surpris par les Arabes errants, qui nous auraient enlevés de nouveau et entraînés dans les montagnes, obligea nos conducteurs de nous faire marcher de nuit. Enfin nous arrivâmes à Mogador le 21 avril. MM. les négociants anglais, à qui nous étions adressés par Bentahar, nous reçurent très-bien et nous conduisirent chez MM. Cabanes et Depras, négociants français.

« Nous arrivâmes enfin à Ostende le 11 octobre, après être restés cinq jours devant le port. Ce fut le 21 du mois d'octobre 1784 que j'eus le bonheur de me revoir dans ma chère patrie. »

XXI

Naufrage et captivité de M. de Brisson, officier de l'administration des colonies françaises, en 1785, sur les côtes d'Afrique.

« Mes voyages en Afrique m'avaient déjà coûté bien des peines, des chagrins et des pertes, lorsqu'au mois de juin 1785, je reçus ordre de M. le maréchal de Castrie, ministre de la marine, de m'embarquer pour l'île Saint-Louis du Sénégal, sur le navire *la Sainte-Catherine*, capitaine Letuc. Le 10 juillet, nous passâmes entre les îles Canaries et celle de Palme. J'avais prévenu le capitaine du danger auquel on est exposé sur ces parages par la violence des courants, et qu'on risquait assez souvent d'être affalé sur les côtes de Barbarie. Il était fort tranquille, et se croyait à quatre-vingt-dix lieues de la terre.

« A minuit je fus éveillé par la force des mouvements du navire; dans l'idée que nous étions sur un fond, je montai aussitôt sur le pont. Quelle fut ma surprise lorsque j'aperçus une espèce d'anse formée par les rochers! Tout l'équipage était cependant plongé dans le sommeil. J'éveillai promptement tout le monde. « Sauvez-vous! m'écriai-je, nous touchons terre. » Le capitaine arrive tout alarmé; dans sa frayeur, que ses officiers partagent, il commande de gouverner vers l'écueil. Le bâtiment ainsi dirigé, et entraîné d'ailleurs par la force des courants, frappe trois fois contre le sable, et reste enfin immobile. Tout à coup un bruit épouvantable se fait entendre; la mâture est ébranlée; les voiles, agitées avec violence, se déchirent en lambeaux. La terreur devient générale; les cris des matelots se mêlent au bruit horrible d'une mer mugissante, qui semble s'irriter de voir sa course arrêtée entre les rochers et le vaisseau qu'elle est au moment d'entr'ouvrir. La consternation est si grande, que personne ne pense à se sauver.

« Nous étions tous perdus sans ressource, si le sieur Yvan, premier sous-lieutenant; M. Suret, passager; trois matelots anglais, et quelques autres, animés par mon exemple, ne m'eussent aidé à mettre la chaloupe à la mer, et à empêcher ensuite qu'elle ne fût ou brisée contre le bâtiment, ou submergée. Nous fûmes contraints de lutter ainsi toute la nuit contre une mer en furie, afin, dès que le jour paraîtrait, de pouvoir aborder sur le rivage, en évitant les rochers qui l'environnaient de toutes parts. Nos précautions étant prises, je criai qu'on nous jetât des cordages pour amarrer notre embarcation, afin qu'on pût la retirer vers le bâtiment, en cas que nous eussions le bonheur d'arriver à bon port.

« A peine eut-on donné deux coups d'aviron, que le

flux et le reflux les arrachèrent des mains des rameurs, la chaloupe fut renversée, les flots nous dispersèrent et nous jetèrent sur la plage, tous à l'exception du sieur Devoise, frère du consul de Tripoli en Syrie, et second capitaine de notre navire; je m'élançai à la mer, et je fus assez heureux dans ce moment pour l'enlever à la mort.

« Les infortunés qui étaient restés à bord du navire n'attendaient plus aucun secours de notre part; je ne tardai pas à faire renaître l'espérance dans leur âme en me jetant à la mer, accompagné du sieur Yvan. Aidés des autres naufragés, nous parvînmes avec beaucoup de peine à remettre la chaloupe à flot; mais que nous en fûmes bien récompensés quand nous eûmes mis à terre le reste de l'équipage! Cependant nous n'échappâmes à ce premier danger que pour devenir victimes d'un second bien plus grand.

« Nous ignorions dans quelle partie de l'Afrique le Ciel nous avait jetés. En marchant vers des coteaux que nous avions découverts de loin, je trouvai sous mes pieds du fumier de chameau, et bientôt je découvris plusieurs de ces animaux qui paissaient çà et là. Il n'y avait donc plus de doute que ce canton était habité. Nous nous trouvions d'autant plus heureux d'approcher de quelque bourgade, que la faim commençait à nous presser.

« Les habitants ne tardèrent pas à venir à notre rencontre, et leurs gestes et la manœuvre qu'ils firent pour nous envelopper ne nous présagèrent rien de bon. Je dis à mes camarades d'infortune de ne point se diviser, et de marcher en ordre jusqu'à ce que je fusse à portée de me faire entendre; dans mes précédents voyages au Sénégal, j'avais appris quelques mots d'arabe, dont j'espérais tirer un bon parti dans cette occasion. Quand nous fûmes auprès des sauvages, quelques-uns de nos camarades, entre autres le premier et le second lieutenant, se dispersèrent; ils furent aussitôt enveloppés et saisis au collet. Ce ne fut qu'en ce moment que, les rayons du soleil se réfléchissant sur l'acier poli de leurs poignards, nous reconnûmes qu'ils étaient armés; car jusque-là, ne m'en étant pas aperçu, je m'étais avancé sans crainte. La frayeur s'empara de mes compagnons; ils poussèrent tous unanimement des cris de désespoir, et se débandèrent. Les Arabes, armés de grands coutelas et de petites massues, fondirent sur eux avec une férocité incroyable; bientôt je vis les uns blessés, et les autres dépouillés et nus, étendus presque expirants sur le sable.

« Pour moi, je courus, accompagné de six de mes camarades, me jeter dans les bras d'un Arabe qui ne portait point d'armes, à qui je donnai tous les bijoux et l'argent que j'avais en ma possession. Il me promit de ne point m'abandonner, et d'être toujours pour moi un maître généreux et compatissant: promesse trompeuse, et qui ne me mit pas à couvert des traitements les plus barbares.

« Nous fûmes menés dans l'intérieur de ces contrées arides et incultes, dépouillés jusqu'à la chemise, et contraints de nous livrer aux travaux les plus rudes, recevant à peine la nourriture et l'eau nécessaires à nos besoins les plus pressants. Excédé de misère et des coups que je recevais presque continuellement, j'attendais et je désirais la mort qui devait mettre fin à mon sort affreux, lorsqu'un Arabe aussi vertueux que sensible me délivra des mains de mon cruel patron en m'achetant pour six chameaux. Ce nouveau maître, résolu de me procurer ma liberté, me mena, après une marche de soixante-six jours à travers les déserts, dans le cœur des États de l'empereur de Maroc. En arrivant près de Mogador, sur une montagne de sable, j'aperçus enfin l'élément dont j'avais tant à me plaindre, et qui devait être encore l'arbitre de mon sort. Il me serait impossible d'exprimer la joie que je ressentis au moment où je vis flotter le pavillon français, et celui de plusieurs autres nations voltiger sur la poupe de différents navires mouillés dans la rade de Mogador ou Souira. Ce fut dans cette île que je m'embarquai pour retourner dans ma patrie, où j'arrivai après une heureuse navigation. Dans mon esclavage, j'aurais succombé comme mes camarades d'infortune, sans une constance inébranlable et une confiance sans bornes dans la providence divine. »

XXII

Aventures remarquables de Pierre Viaud.

Un capitaine de navire nommé Pierre Viaud, généralement estimé pour son expérience et ses grandes connaissances dans l'art de la navigation, vivait à Bordeaux il y a environ quarante ans. Un voyage qu'il entreprit au mois de février pour les Indes fut très-heureux dès le commencement; car il arriva sans le moindre accident à Saint-Domingue, où une maladie le retint jusqu'au mois de novembre de la même année. A cette époque, il se rembarqua; malheureusement pour lui, il accepta la proposition d'un homme qui s'intéressait à lui, et qui se rendait à la Louisiane dans l'espoir d'y faire fortune. Le brigantin *le Tigre*, qu'il montait, était commandé par le capitaine Lacouture; il portait encore un certain nombre d'autres personnes, savoir : la femme du capitaine, avec son fils âgé de quinze ans; un M. Desclau, un nègre que Viaud avait acheté lors de son dernier voyage, et neuf matelots.

L'ignorance du capitaine amena bientôt de grands dangers; cependant l'expérience et le courage de Viaud remédièrent à tout dans le commencement; mais le bâtiment avait déjà plusieurs voies d'eau, et le vent lui fut contraire pendant tout le voyage. On essaya de le soulager en jetant à la mer toutes les marchandises d'un certain poids; on fit les plus grands efforts pour atteindre le port de Pensacola; on ne put jamais vaincre la violence des flots.

A une lieue de la côte (de l'île des Chiens), le navire échoua si malheureusement, que la poupe se fendit; il fut dégagé pourtant par la force des vagues, et un vent favorable le poussa de nouveau vers la côte; mais il fut jeté, quelques instants après, contre une île entièrement déserte. Maintenant laissons Viaud lui-même raconter ses aventures.

« Nous allions, dit-il, couper nos mâts pour en faire un radeau, afin de gagner l'île des Chiens, lorsque la violence des vents et des vagues jeta notre bâtiment sur la côte. Cette terrible secousse faillit causer notre perte; plusieurs matelots furent lancés à la mer; heureusement nous parvînmes à les sauver. La lune, qui nous éclairait, se cacha entièrement; dans cette obscurité, nous ne pouvions plus songer à gagner la terre; nous résolûmes de passer la nuit sur le flanc de notre vaisseau. Oh! que cette nuit nous parut longue! des torrents de pluie tombaient sur nous : on aurait dit que le ciel voulait se décharger en un seul coup de toutes ses eaux; les vagues écumantes couvraient le navire; le tonnerre grondait, la lueur éclatante et fugitive des éclairs nous montrait à perte de vue une mer furieuse qui menaçait de nous engloutir; mais plus terrible, plus lugubre encore était l'obscurité qui succédait aux éclairs.

« Suspendus aux flancs du bâtiment, cramponnés convulsivement à ce que nous avions pu saisir, trempés par une pluie continuelle, épuisés de lassitude, nous attendions le jour avec anxiété. Il nous révéla dans toute leur horreur, et les dangers que nous avions courus, et ceux qui nous restaient encore à courir. Nous frémissions, nous voyions la côte à quelque distance, et nous ne pouvions l'atteindre : la fureur de la mer décourageait les plus intrépides nageurs; les vagues s'agitaient violemment, et auraient infailliblement brisé le malheureux assez osé pour braver leur fureur.

« Le désespoir s'empara de nos matelots; leurs cris plaintifs augmentèrent l'horreur de notre situation.

« Ainsi s'étaient passées plusieurs heures sans apporter aucun changement à notre situation, lorsqu'un matelot hollandais qui avait versé des larmes amères et montré moins de courage que les autres se recueillit un instant, et s'écria ensuite d'une voix ferme : « Qu'attendons-nous donc ici? La mort nous cerne de toutes parts : allons au-devant d'elle, peut-être lui échapperons-nous. Voici la terre! Est-il donc si impossible d'y arriver? Qui nous empêche de le tenter? Je vous en donne l'exemple; si je succombe, j'aurai du moins abrégé de quelques heures mon affreuse agonie. »

« Il dit et se jette à la mer; plusieurs autres voulurent le suivre : je pus à peine les retenir en leur montrant leur camarade luttant vainement contre la fureur des ondes. On le voyait ballotté par les flots, tantôt lancé contre la côte, tantôt arraché du rivage, disparaître et reparaître tour à tour, pour être de nouveau brisé contre d'affreux écueils. Le soir nous songeâmes aux horreurs de la nuit prochaine. Les vagues avaient emporté les mâts que nous avions nous-mêmes coupés la veille; nous ne pouvions plus nous servir de nos cordages. Il nous restait une barque, mais en si mauvais état, qu'il était impossible de l'employer pour le court trajet que nous avions à faire jusqu'à la côte. Nous l'examinâmes à plusieurs reprises, et toujours nous reconnûmes cette désolante impossibilité.

Enfin trois matelots plus courageux ou plus désespérés que les autres entreprirent de passer sur cette frêle embarcation. Ils y entrèrent sans dire leur intention; nous ne pûmes la connaître qu'en les voyant s'éloigner, et nous les regardions comme perdus; mais, contre notre attente, ils luttèrent heureusement contre les flots et gagnèrent la côte; nous enviâmes leur bonheur et regrettâmes sincèrement de ne point avoir partagé leur audace.

« Depuis que le vaisseau gisait sur le côté, nous ne pouvions plus y pénétrer; nous n'osions pas y pratiquer d'ouvertures. Ainsi non-seulement nous manquions de vivres, mais encore nous n'avions aucun moyen de nous en procurer. Tous les malheurs fondaient donc sur nous. Nous n'avions pas moins besoin de repos que de nourriture, et le repos nous était impossible : jamais la mort n'apparut plus hideuse. Notre brigantin était comme suspendu sur de grands écueils ; les flots le heurtaient avec un fracas épouvantable ; heureusement il tint ferme. Le lendemain, une nouvelle journée commença, dont nul de nous ne pouvait espérer de voir la fin.

« Lorsque enfin le vent s'apaisa, un des matelots se décida à passer à la nage, afin de réparer la chaloupe et de revenir ensuite nous chercher tous. Nous le vîmes aborder après des dangers inouïs : puis nous regardâmes avec une impatience toujours croissante ; nous vîmes les matelots travailler avec empressement à la chaloupe ; enfin ils la mettent à flot, ils s'approchent de nous ; nos cœurs palpitent d'une indicible joie. Mais, hélas ! cette lueur s'évanouit bientôt, lorsqu'on reconnut que la barque ne pouvait contenir plus de quatre personnes. Après une courte délibération, on résolut de s'en rapporter au sort, chacun promit de se soumettre à ce qu'il déciderait. Quant à moi, je déclarai hautement que je partirais le dernier. Lorsque tous les autres naufragés furent embarqués, j'entrepris avec Declau et mon nègre d'atteindre la côte sur un débris de navire : cette tentative hardie nous réussit, et bientôt nous nous trouvâmes réunis sur la côte si longtemps désirée. Nous nous restaurâmes avec des huîtres, et nous passâmes une nuit assez tranquille. Le lendemain, le lieutenant du vaisseau succomba aux fatigues et aux privations que nous venions d'endurer ; nous l'enterrâmes sur la plage.

« La bonté de la Providence voulut que les vagues nous apportassent quelques tonneaux de rhum : c'était un grand et précieux secours ; mais nous manquions de feu, et nos membres engourdis avaient grand besoin d'être ranimés par une douce chaleur. Ce pressant besoin m'inspira la résolution de retourner avec la barque au brigantin, et d'essayer si je pourrais sauver une partie de la cargaison, et surtout si je trouverais un briquet et du biscuit. J'eus le bonheur d'atteindre les débris du navire ; j'en tirai vingt-cinq livres de poudre, deux haches, des couvertures de laine, et un sac contenant environ quarante livres de biscuit. Je rapportai le tout dans l'île.

« Bientôt un grand feu s'alluma; avec notre biscuit, nos huîtres, auxquelles nous ajoutâmes quelque gibier abattu avec nos fusils, nous fîmes un festin splendide, pour nous du moins, pauvres affamés! Enveloppés de nos couvertures, nous passâmes d'une manière supportable deux jours et deux nuits. Cependant la crainte continuelle d'être assaillis par des sauvages troublait notre repos. Le troisième jour, nous fûmes effectivement effrayés par l'apparition de cinq sauvages, parmi lesquels se trouvaient deux femmes; mais bientôt nous nous en fîmes de bons amis, moyennant quelques gouttes de rhum et autres petits cadeaux. Le plus distingué d'entre eux parlait espagnol, et s'appelait Antonio; il était natif de San-Marco, et demeurait alors dans une île éloignée de trois lieues. Nous le pressâmes de nous conduire à San-Marco, qui n'était qu'à cinq lieues de distance : il y paraissait disposé; mais bientôt nous fûmes obligés de prendre beaucoup de précautions dans nos rapports avec lui. Il nous conduisit à l'île la plus voisine, après avoir fait de vaines tentatives pour nous isoler les uns des autres. Nous y passâmes cinq jours, vivant de notre chasse et de notre pêche.

« Nous nous séparâmes ensuite, après avoir, à force de cadeaux et d'instances, déterminé Antonio à nous mener plus loin; je m'embarquai donc avec le capitaine, sa femme et son fils, Desclau et mon nègre, dans le bateau d'Antonio, espérant arriver en deux jours à San-Marco et m'occuper ensuite du sort de mes compagnons. Cet espoir fut cruellement trompé par la perfidie d'Antonio. Depuis sept jours nous étions en route, sans jamais atteindre la terre désirée; ma colère contre Antonio m'exaspéra jusqu'au point d'en vouloir à sa vie; je l'aurais tué si mes compagnons ne m'en eussent empêché. Cette résolution de ma part ne fut que trop bien justifiée par la suite. Un soir, je m'étais couché, obsédé d'inquiétudes et des plus tristes prévisions; un songe terrible me réveilla vers minuit; mes yeux cherchèrent Antonio et son bateau... Le traître avait disparu : j'appelle, point de réponse... Nous étions indignement abandonnés, et ce scélérat nous avait tout enlevé ; il ne nous restait que nos vêtements et un couteau que je portais toujours sur moi.

« Nous errâmes pendant deux heures, ne trouvant ni source ni aucune espèce de nourriture. Un jour, en déplorant comme d'habitude notre malheur et en rêvant aux moyens d'en sortir, nous nous souvînmes d'avoir aperçu sur la côte de l'une des îles voisines un vieux canot hors d'usage ; nous réfléchîmes qu'il ne serait peut-être pas impossible de le remettre en état de traverser le bras de mer qui nous séparait du continent.

« Tout pleins de ce projet, nous nous livrâmes à l'espérance avec le même abandon que si l'exécution n'eût offert aucune difficulté. Après une marche très-longue et très-fatigante, nous réussîmes à trouver le canot. La réparation de ce canot exigeait tous nos efforts, et lorsque nous eûmes enfin terminé ce long et pénible travail, nous vîmes avec une profonde tristesse qu'il ne pouvait nous porter. M. Lacouture, un de nos compagnons, le monta seul et le dirigea du côté où était restée sa femme ; M. Desclau et moi nous restâmes par le chemin de terre, et nous rejoignîmes nos compagnons d'infortune. La pensée de nous trouver tous réunis, de nous réchauffer auprès d'un bon feu, nous consola un peu d'un si cruel désappointement.

« Jusque-là des huîtres et des racines avaient été notre unique nourriture ; la bonté divine daigna enfin nous envoyer des aliments un peu plus substantiels.

« Je me promenais sur le rivage, abîmé dans de sombres rêveries ; je m'éloignai plus que je ne l'avais résolu d'abord ; enfin, levant les yeux et regardant autour de moi, j'aperçus un chevreuil étendu sur la plage ; je le tournai de tous les côtés, et je reconnus qu'il était encore tout frais, il semblait avoir été tué d'un coup de fusil ; sans doute il s'était sauvé à la nage jusque dans notre île.

« Le regardant comme un don du Ciel, je le chargeai avec joie sur mes épaules ; au bout d'une heure j'étais arrivé auprès de mes compagnons. Ils furent bien étonnés de ma précieuse trouvaille, et en rendiront au souverain dispensateur de tous les biens de ferventes actions de grâces. Nous nous empressâmes de dépouiller et de dépecer le chevreuil, ce fut l'affaire d'un instant; ensuite nous en fîmes rôtir une partie. Ainsi, après avoir pris une nourriture suffisante, ce qui ne nous était pas arrivé depuis longtemps, nous passâmes une excellente nuit.

« Le lendemain (26 mars, si je ne me trompe), le désir de nous tirer de ce désert nous ramena de nouveau vers le canot abandonné; loin de nous laisser décourager par notre premier essai, nous espérions que cette seconde tentative aurait un meilleur résultat; aussi nous nous appliquâmes fortement à éviter les fautes que nous avions commises; les mêmes matériaux nous servirent, et nous y ajoutâmes deux couvertures de laine pour boucher absolument les fentes. Après trois jours de travail, quand toutes les réparations furent terminées, nous n'eûmes pas lieu d'être plus satisfaits que la première fois : le malheureux canot ne pouvait pas rester à flot plus d'un quart d'heure sans faire eau de toutes parts.

« Cependant le besoin de notre propre délivrance nous aveugla sur le danger. Il n'y avait pas plus de deux heures de traversée de notre île jusqu'au continent; toutefois il était de la dernière imprudence de nous embarquer tous ensemble sur un tel canot. Nous résolûmes donc de ne nous embarquer que trois à la fois; d'abord M. Lacouture, Desclau et moi. Tandis que deux de nous rameraient, le troisième devait avec son chapeau rejeter à la mer l'eau qui pénétrerait dans l'intérieur de la barque. Cette précaution atténuerait au moins le danger, qui certes restait toujours assez grand; mais il fallait de toute nécessité s'y exposer pour sortir de cette île. Nous fixâmes au lendemain l'exécution de notre projet, et nous tâchâmes de décider Mme Lacouture à nous attendre avec son fils et le nègre jusqu'à ce que nous pussions lui envoyer un meilleur bâtiment; ce qui ne serait pas difficile lorsque nous aurions atteint le continent. Nous eûmes beaucoup de peine à les persuader, et il fallut que je leur promisse de laisser en gage mon couteau et la pierre à fusil que nous avions trouvée. Je ne saurais dire combien il m'en coûta de me séparer de deux objets si précieux : cependant l'humanité l'exigeait, j'en fis le sacrifice. Nous consolâmes cette pauvre femme autant qu'il nous fut possible ; nous ramassâmes des vivres pour elle et pour nous ; notre provision fut déposée dans le bateau.

« Le 27 mars enfin, au lever du soleil, nous montâmes dans le canot et nous quittâmes le rivage ; mais il prit tout à coup tant d'eau, qu'il paraissait bientôt devoir couler à fond ; la frayeur s'empara de tout mon être, et d'un bond je m'élançai hors de ce fatal esquif.

« Détrompez-vous, mes amis, m'écriai-je, nous ne pourrons jamais même faire un quart de lieue ; restons ici, et attendons la mort ou les secours d'une Providence inépuisable dans ses ressources. Restons ici ; car monter sur une si frêle embarcation, ce serait nous tuer nous-mêmes, et la loi de Dieu nous le défend. »

« M. Lacouture me pressa de revenir, en se moquant de ce qu'il appelait ma pusillanimité ; il eut beau faire, il ne put m'y déterminer : de mon côté, je ne pus pas non plus lui faire goûter les conseils de la prudence ; il partit donc avec M. Desclau.

« Je les vis s'éloigner d'abord et avancer péniblement, jusqu'à ce qu'au détour d'une petite île éloignée d'une portée de fusil ils se dérobèrent pour jamais à ma vue. Je suis bien convaincu qu'ils ont péri quelques moments après ; le fait est qu'on n'en a plus entendu parler depuis.

« Je trouvai la pauvre Mme Lacouture fondant en pleurs : hélas ! elle ne connaissait pas encore toute l'étendue de son malheur. Mon retour l'étonna, et elle me dit qu'elle ne savait pas si elle devait s'en réjouir ou s'en affliger : elle s'en réjouissait pour elle-même ; mais la pensée que son mari était privé de mon appui la désolait. Après six jours d'attente nous perdîmes tout espoir de voir revenir nos compagnons, et nous nous crûmes perdus aussi.

« Nous étions en proie à un affreux désespoir, lorsqu'une pensée rapide comme l'éclair me vint à l'esprit :

nous pouvions nous sauver sur un radeau. Je la communiquai à mes compagnons, et sur-le-champ nous nous mîmes à l'œuvre avec une merveilleuse activité ; nous ramassâmes des huîtres et des racines pour le voyage. Nous venions de fixer au point du jour l'instant de notre départ, lorsqu'une tempête vint anéantir en un clin d'œil toutes nos espérances. Les vagues, soulevées par un vent impétueux, brisèrent et engloutirent notre radeau de telle sorte que nous n'en pûmes rien sauver. C'était une perte cruelle, irréparable, et, pour comble de malheur, déjà des symptômes de maladie se manifestaient parmi nous. Cependant l'amour de la vie, l'instinct si impérieux de notre propre conservation triompha encore une fois de tous les obstacles. Nous résolûmes de construire un nouveau radeau ; cette fois nous y employâmes nos dernières couvertures; nos bas mêmes y furent sacrifiés. L'œuvre réussit parfaitement; mais au moment du départ un obstacle désespérant nous arrêta encore : le jeune Lacouture venait de passer une nuit affreuse; il était étendu sans mouvement et froid comme la glace; pendant quelques minutes nous le crûmes mort; mais en lui posant la main sur le cœur, je sentis encore quelques faibles pulsations. Je recommandai au nègre de rallumer bien vite le feu, qui était presque éteint; je réitérai plusieurs frictions sur les membres glacés du jeune homme pour rappeler la chaleur vitale, lorsque survint Mme Lacouture. A la vue de son malheureux fils expirant, elle tomba évanouie. Je ne sus plus alors à qui devaient de préférence s'adresser mes soins, l'état de l'un et de l'autre paraissant également désespéré. J'ordonnai au nègre de continuer les frottements que j'avais commencés sur le fils, tandis que moi-même je m'efforçai de rappeler Mme Lacouture à la vie. J'essayai vainement de la consoler, elle n'écoutait même pas ce que je lui disais : elle ne songeait qu'à son fils. Enfin ce jeune homme reprit connaissance; le froid de la nuit, un long abattement, l'avaient mis dans un tel état d'engourdissement, qu'il eût infailliblement succombé si j'étais arrivé un moment plus tard à son secours.

« Qu'on se figure toute l'horreur de ma position! abandonné dans une île déserte, sans espoir d'en sortir, manquant de tout, auprès de deux personnes mortellement malades, ne pouvant leur offrir que des huîtres, des poissons et quelques mauvaises racines. Mais, en les abandonnant, ne me serais-je pas rendu coupable d'une cruauté impardonnable? J'avais le cœur navré de douleur, et je n'hésitai pourtant pas à remplir les devoirs de l'humanité. Je me résignai aux nouvelles souffrances qui m'attendaient; je mis toute ma confiance en Dieu et implorai son assistance.

« Je me hâtai de tirer du radeau toutes nos provisions de bouche. Je tâchai de le placer de manière qu'il pût, en cas de tempête, résister longtemps à la violence des vents. J'enlevai le mât, je détachai le cordage et tous les objets dont la perte eût été pour nous irréparable; avant tout, je remis à nos malades les couvertures qui leur étaient devenues si nécessaires. Je passai toute la journée à leur procurer quelque soulagement, espérant que les bons effets de mes soins les mettraient bientôt en état de s'embarquer avec nous.

« Le jeune homme montrait un calme, une présence d'esprit, une fermeté qu'on trouve rarement à cet âge. Vers le matin, le mal acquit une nouvelle intensité, mais son courage ne diminua point; m'ayant appelé dans un moment où sa mère venait de s'éloigner, il me causa autant d'admiration que de surprise. « Partez, me dit-il, partez; laissez-moi dans ce désert; mais de grâce, emmenez ma pauvre mère, seulement laissez-moi quelques vivres; je vous promets d'en faire usage tant qu'il plaira à Dieu de me prolonger la vie. Hâtez-vous, ajouta-t-il, sauvez ma mère, et cachez-lui ma résolution. »

« J'étais tellement affligé, que je ne pus prononcer une parole; mille idées différentes se heurtaient dans mon esprit; je voyais bien qu'il fallait suivre ce généreux mais désolant conseil, ou se résoudre à périr dans cette île. Également agité par la pitié et la douleur, je me jetai à genoux près de ce magnanime jeune homme, et l'embrassai en pleurant.

« C'était moi qui devais soutenir son courage, et mes larmes mouillèrent son visage. Quoique mon âme se révoltât à la seule pensée d'abandonner cet infortuné, en y réfléchissant froidement j'achevai de me convaincre que nous étions tous perdus si nous hésitions longtemps à partir.

« A force de revenir sur cette idée je finis par me familiariser avec elle, de manière que bientôt il me parut moins horrible de laisser là ce jeune homme ; il y allait de notre délivrance, de celle de sa mère; la raison me commandait donc de rester sourd à tout sentiment de compassion ; cependant la journée se passa sans mettre fin à mes anxiétés, sans que j'eusse définitivement pris mon parti; mais lorsque le jeune Lacouture, revenant à la charge, m'eut sommé de nouveau de l'abandonner, pour sauver sa mère, et m'eut prié de lui faire croire que son fils était mort, alors je me décidai; je n'hésitai plus, quand au point du jour je le trouvai sans connaissance.

« Je plaçai près de lui une provision de vivres avec plusieurs coquilles remplies d'eau. Je réveillai ensuite la mère, qui dormait, accablée de fatigue, à quelques pas de là. « La Providence, lui dis-je, veut que nous partions; hâtons-nous de suivre ses ordres; le moindre retard peut causer notre perte. Quant à vous, Madame, vous n'avez plus qu'à vous occuper de vous seule; car votre fils... »

« Elle ne me donna pas le temps d'achever.

« Grand Dieu! s'écria-t-elle, mon fils est mort! j'ai perdu mon mari, aujourd'hui c'est mon fils qui m'est enlevé, et je reste dans ce monde!... »

« Elle se tut, un torrent de larmes coula de ses yeux; sans m'arrêter à lui donner de banales consolations, je fis un signe à mon esclave, et nous la portâmes sur le radeau sans qu'elle fît la moindre résistance. Je tremblais qu'elle ne voulût voir encore une fois son fils; mais la persuasion où elle était que son fils ne vivait plus l'avait fait tomber dans un accablement dont il fallait profiter. D'ailleurs quel secours pouvait-elle lui donner? L'aspect de son fils agonisant n'aurait fait qu'anéantir le peu de forces qui lui restaient.

« Le 19 avril nous nous avançâmes sans peine vers le continent, et nous y abordâmes heureusement après douze heures de traversée. Notre premier mouvement fut de nous précipiter à genoux sur la plage et de remercier Dieu de notre arrivée. Nous abandonnâmes le radeau après en avoir retiré les provisions de bouche, la couverture et les cordages.

« Nous trouvâmes en nous avançant un terrain impraticable et inondé presque de tous côtés; ces nouveaux obstacles qui s'opposaient à notre passage nous convainquirent que nous n'étions pas encore sauvés. Le soleil nous envoyait ses derniers rayons; la fatigue, la crainte de nous aventurer pendant la nuit dans un pays inconnu, nous firent chercher un lieu pour y reposer paisiblement; nous choisîmes une colline dont la hauteur nous garantissait de l'humidité qui régnait partout.

« Trois gros arbres qui entrelaçaient leurs branches en forme de berceau nous offrirent un asile assez commode. J'allumai un grand feu, près duquel nous mangeâmes une partie de nos provisions. Nous nous flattions de jouir d'un repos sans trouble; mais à peine avions-nous fermé les yeux, qu'un bruit terrible nous réveilla en sursaut : c'étaient des cris d'animaux sauvages qui se faisaient entendre de plusieurs côtés; ils paraissaient se répondre mutuellement et vouloir nous entourer; nous nous levâmes promptement, un mortel effroi nous glaçait le cœur, et nous nous attendions à tout moment à voir ces animaux s'élancer sur nous pour nous dévorer. Le nègre, ne se sentant plus de frayeur, courut vers l'un des arbres, et, y grimpant avec une merveilleuse agilité, il ne s'arrêta qu'au sommet, où il se cacha dans le feuillage.

« Mme Lacouture, non moins épouvantée, l'avait suivi, et le priait instamment de la tirer après lui; en vain je la rappelai et la suppliai de ne point quitter le feu, qui suffit pour éloigner les bêtes sauvages, et d'entretenir le nôtre au lieu de s'enfuir; elle ne m'écoutait pas et continuait toujours d'implorer le secours du nègre, qui de son côté était sourd à toutes les prières, tant la frayeur le maîtrisait.

« Tout à coup j'entendis un cri aigu et perçant : » A « moi! à moi! au secours! » C'était Mme Lacouture qui voyait venir à elle un ours énorme. Abandonner cette pauvre femme m'était impossible ; d'un autre côté je n'avais point d'armes : que devais-je faire? Je saisis un tison bien enflammé, je cours à elle, elle se précipite vers moi ; l'ours presse sa marche et la poursuit.

« J'avoue que la vue de ce monstre me fit trembler depuis les pieds jusqu'à la tête ; l'ours s'arrête en me voyant approcher, je continue d'aller en avant et lui présente d'une main mal assurée mon tison brûlant ; je saisis Mme Lacouture par la main, et la ramène, sans tourner la tête en arrière, auprès du brasier : l'ours n'eut pas le courage de nous y poursuivre.

« Mais bientôt des cris lamentables retentirent de nouveau à mes oreilles ; à la lueur du feu qui flamboyait encore, je vis l'ours se dressant contre l'arbre où était le nègre, et se préparant à y grimper. Je ne savais comment secourir le malheureux nègre. Je lui criai de se sauver en gagnant des branches faibles, mais pourtant assez fortes pour le porter sans permettre à l'ours de le suivre dans tous ses détours. Ces animaux, guidés par leur instinct, ne s'aventurent ordinairement que sur des branches solides, et craignent de monter sur celles qui plieraient sous leur poids. Quant à moi, je jetai de grands tisons vers l'arbre pour effrayer le monstre et le forcer à la retraite ; ces tisons tombèrent si heureusement, qu'ils formèrent au pied de l'arbre un autre feu : nous avions fait du nôtre un énorme bûcher.

« L'éclat de la flamme éblouit tellement l'ours, qu'il descendit lentement du côté opposé et s'enfuit au grand trot. Après de telles alarmes, il ne nous fut pas possible de dormir le reste de la nuit, et les rugissements continuèrent sans interruption. Plusieurs animaux vinrent encore rôder autour de nous, et s'approchèrent assez près pour que nous pussions distinguer parmi eux un tigre monstrueux. Quelques gros tisons que nous lui jetâmes le déterminèrent à la fuite ; mais il rugit avec rage, et les monstres disséminés dans les environs lui répondirent à l'envi par leurs sinistres hurlements.

« Pour rendre impossibles d'aussi horribles visites, nous jetâmes çà et là quantité de tisons autour de nous, de telle sorte que nous étions environnés d'une ceinture de flammes. Cette précaution nous donna plus de sécurité; déjà le bois commençait à nous manquer, mais heureusement la nuit était plus avancée que nous ne le pensions, les hurlements diminuèrent peu à peu, s'éloignèrent de plus en plus, et cessèrent complétement à l'aube du jour; car les animaux sauvages retournent à leurs repaires, qu'ils quittent de nouveau à la nuit tombante. Je profitai de ce répit pour ramasser quelques morceaux de bois, que je jetai dans notre feu; j'appelai ensuite le nègre, qui eut bien de la peine à descendre de sa retraite; il arriva enfin plus mort que vif.

« Après une telle nuit, nous ne pouvions nous mettre immédiatement en route; nous avions besoin de repos, et comment en goûter les douceurs dans une si affreuse position? Aussi notre sommeil ne fut-il qu'un long assoupissement sans cesse interrompu.

« Notre détresse s'accrut bientôt par le manque de coquillages et de racines mangeables; la nuit suivante elle fut portée à son comble : les tourments de la faim devinrent si intolérables, que nous appelâmes la mort à grands cris.

« Les feuilles que nous essayâmes de manger nous causèrent des nausées et des vomissements, et lorsque la nuit arriva de nouveau, nous étions tellement affaiblis, que nous n'eûmes même pas la force d'allumer notre feu. Ce ne fut qu'un peu avant minuit que nous y réussîmes. Le jour, l'excès de la fatigue nous réduisit au plus affreux désespoir, et quand je pense à l'horrible ressource qui nous sauva, Mme Lacouture et moi, je ne peux me défendre d'un frémissement qui me bouleverse jusqu'au fond de mes entrailles.

« Nous étions à nous lamenter, lorsque tout à coup les angoisses de la faim jettent le nègre dans un accès de rage; il a soif de notre sang, il veut se repaître de notre chair; il se précipite sur nous pour nous dévorer;

alors Mme Lacouture et moi nous réunissons le peu de forces qui nous restent; nous le repoussons; il revient avec un redoublement de rage; comme il était plus vigoureux que nous, il nous aurait terrassés et massacrés, si je ne me fusse hâté de lui plonger mon couteau dans le cœur; il tomba et expira à l'instant même. Que fîmes-nous du cadavre? C'est ici que la plume me tombe des mains; elle se refuse à retracer cet horrible tableau! Si l'imagination du lecteur indigné repousse de pareilles images, que du moins son indulgence daigne accueillir les raisons qui atténuent l'horreur d'un si monstrueux attentat! Nous avions tué le nègre en nous défendant légitimement; il voulait notre vie : nous avions pris la sienne; bien plus, il convoitait nos membres pour en faire un infernal repas; nous étions nous-mêmes tyrannisés par une faim cruelle; nous étions échauffés encore par l'ardeur d'une lutte récente; alors, je le confesse avec larmes, nous perdîmes tout sentiment d'humanité; nous cessâmes un instant d'être des hommes, nous tombâmes au niveau des brutes; nous nous mîmes tous deux à dévorer la chair palpitante de l'infortuné qui tout à l'heure encore était notre fidèle compagnon. Lorsque le premier besoin fut apaisé, notre délire cessa, nos cœurs se révoltèrent, et nous fûmes nous-mêmes en proie à des remords mille fois plus cruels que la faim qui nous avait tourmentés d'abord. Oui, toute ma vie, oui, jusqu'au tombeau, je pleurerai cet acte de barbarie.

« De temps en temps nous mettions le feu aux bruyères pour écarter les bêtes féroces. Un jour nous découvrîmes deux énormes serpents à sonnettes que la flamme y avait sans doute surpris, et qui étaient morts étouffés par la fumée. Cette trouvaille fut pour nous comme la manne du ciel. Ceux-là, du moins, nous pouvions les manger sans remords comme sans scrupules. Une autre fois je trouvai un caïman endormi dans une mare d'eau; je parvins à l'assommer en le frappant d'un énorme bâton. Nous en mangeâmes la chair, et la peau nous servit à nous faire des chaussures, qui nous garantirent de la piqûre des insectes.

« Un torrent très-profond arrêta notre marche, et nous plongea dans la consternation ; mais nous prîmes dans ce lieu une tortue qui pesait douze livres ; les œufs que nous lui trouvâmes dans le corps furent pour nous un mets délicieux, un secours inespéré qui ranima notre courage et nos forces.

« J'entrepris sans délai de construire un radeau pour passer la rivière ; mais une fois embarqués, nous ne pûmes résister à la rapidité du torrent, qui allait nous emporter et briser notre radeau. Nous aurions péri sans doute, si la Providence, qui avait résolu de nous sauver, ne nous eût donné des forces nouvelles et présenté un tronc d'arbre dont un bout était engagé sur la rive. Cependant nous n'avions échappé à la mort que pour souffrir de nouvelles angoisses : les privations, les inquiétudes et la fatigue continuelle avaient épuisé nos forces ; nos provisions touchaient à leur fin, et si nous n'avions pas trouvé une nouvelle tortue, nous serions morts de faim. Après ce dernier naufrage, je me sentis si faible, que, croyant toucher à ma dernière heure, j'engageai ma compagne à continuer seule son voyage et à m'abandonner à mon malheureux sort. Cette femme généreuse me déclara qu'elle voulait vivre et mourir avec moi.

« Le lendemain, pendant qu'elle était à la poursuite d'une poule d'Inde qu'elle avait vue dans un taillis voisin, et dont elle espérait trouver les œufs, je restai couché près du feu dans un état d'anéantissement voisin de la mort.

« Je fus ainsi pendant trois jours, donnant tous les indices d'une sérieuse maladie ; alors il me sembla entendre non loin de moi des voix d'hommes qui descendaient la rivière en longeant la côte, de manière à passer près de la place où je me trouvais. « Dieu tout-puissant, m'écriai-je, serait-ce toi qui daignes les envoyer à mon secours ? Ces voix m'annonceraient-elles ma délivrance ? » En ce moment j'aperçus un grand canot qui passait non loin de moi ; je tâchai de crier, mais la voix expira sur mes lèvres. Je n'eus pas même la force de me lever sur mes genoux et de faire un signal avec mon chapeau. Excité tout à la fois par les deux sentiments les plus opposés, l'espérance et le désespoir, je réunis tous mes efforts pour attacher à un bâton un vieux lambeau d'étoffe; je l'agite en l'air; une joie délirante s'empare de tout mon être quand je vois que mon signal a été découvert, et que le canot, monté par plusieurs Européens, s'approche de moi. Je remerciai Dieu avec ferveur; l'heure de ma délivrance était enfin arrivée. Mes sauveurs débarquent; ils m'entourent, me questionnent; un saisissement involontaire me coupe de nouveau la parole; une gorgée de rhum me remet un peu; ma première parole est pour demander qu'on attende ma pauvre amie; bientôt elle reparaît. Inutile de peindre sa joie en me voyant environné d'Européens, d'hommes généreux et compatissants.

« Nous apprîmes de nos libérateurs que ce jour était le 6 mai. Ils étaient Anglais, et comme j'entendais parfaitement la langue de cette nation, je pus leur raconter mon histoire et leur faire un récit fidèle de tout ce que Mme Lacouture et moi avions souffert depuis notre naufrage.

« Lorsque j'eus achevé mon récit, je demandai au chef de l'équipage, qui se nommait Wright, et qui était un officier d'infanterie employé au fort Saint-Marc-des-Appalaches, à quel heureux hasard je devais sa rencontre. D'après ce que j'appris alors, un sauvage ayant rapporté qu'il avait trouvé sur la côte un homme mort, dont quelques restes de vêtements annonçaient qu'il était Européen, et auquel il manquait le ventre et le visage, qui paraissaient avoir été dévorés par des bêtes féroces, M. Svettenham, commandant du fort, avait craint que quelques bâtiments n'eussent échoué sur les côtes voisines, et un sentiment d'humanité l'avait porté à envoyer un canot à la recherche des malheureux naufragés qui seraient encore à même de profiter de ce secours.

« Je ne doutai pas un instant que ce cadavre dont il était question ne fût celui de M. Lacouture ou de son compagnon; et ce qui prouve la justesse de cette conjecture, c'est l'inutilité des recherches qui furent faites dans la suite pour découvrir quel avait été le sort de ces deux infortunés, morts sans doute peu d'instants après avoir quitté l'île.

« Nous nous embarquâmes le lendemain; quatre-vingts jours s'étaient écoulés depuis notre naufrage. Oh! que ce temps nous avait paru long! Par combien d'horribles épreuves nous avions passé! Cependant notre joie n'était pas sans mélange; car nous ne pouvions la partager avec ceux que nous avions perdus.

« Quoique j'eusse peut-être moins de motifs que ma pauvre amie de déplorer ces pertes cruelles, je ne pouvais pourtant y songer sans une douleur amère; le souvenir du jeune Lacouture surtout me pénétrait jusqu'au fond de l'âme; je n'avais pas oublié que ce malheureux jeune homme était encore vivant lorsque je l'avais quitté, circonstance sur laquelle j'avais moi-même induit sa mère en erreur. Je priai donc M. Wright de mettre le comble à ses bontés pour moi en me conduisant dans l'île où était le cadavre de mon jeune ami, afin de lui rendre au moins les derniers devoirs avant de quitter ces contrées sauvages. L'officier anglais, homme rempli d'une véritable charité, ne me refusa point cette satisfaction si bien d'accord d'ailleurs avec la mission qu'il avait à remplir.

« Dès que nous fûmes sur le point d'aborder, Mme Lacouture manifesta un si vif désir de débarquer, qu'il lui fut impossible de l'en empêcher. Un soldat qui avait été envoyé en avant revint bientôt en nous annonçant qu'il avait vu le cadavre que nous cherchions. En vain nous supplions cette mère éplorée de demeurer sur le rivage, elle reste sourde à nos prières et s'obstine à nous suivre.

« Nous arrivâmes enfin près de l'infortuné jeune homme; il était couché sur le ventre, et le visage contre terre. Une odeur infecte s'exhalait de son corps : déjà d'immondes insectes lui rongeaient les jambes; rien n'arrêta la généreuse mère; pendant que les soldats creusent la fosse, elle se précipite sur lui, le couvre de ses baisers, l'inonde de ses larmes brûlantes; elle pose la main sur son cœur, et l'y laisse un instant immobile... Tout à coup un éclair de joie brille dans ses yeux, elle se relève : « Non, dit-elle d'une voix forte; non, mon fils n'est pas mort; Dieu a eu pitié de ma douleur, il m'a rendu mon fils, mon cher fils... Non, il n'est pas mort, j'ai senti battre son cœur... Il est vivant! »

« Je crus que l'excès de la douleur égarait la raison de Mme Lacouture; je posai toutefois la main sur le cœur de son fils; j'y sentis, en effet, une légère chaleur. M. Wright s'en assura lui-même, et introduisit dans la bouche du jeune homme quelques gouttes de tafia, tandis que l'un des soldats frottait doucement ses plaies avec cette même liqueur.

« Enfin, après une heure de la plus cruelle anxiété, on ne peut plus douter de l'existence du jeune Lacouture : il a soulevé sa paupière appesantie; il reconnaît une partie de ceux qui l'entourent. « Où étiez-vous donc? » dit-il d'une voix languissante.

« Ce n'était pas le moment d'entrer dans de longues explications. « Mon fils, lui dit sa mère ivre de joie, ne me reconnais-tu donc pas? Je suis ta mère, je viens te chercher, je viens t'arracher à cet affreux désert... »

« Un peu de nourriture qu'on lui fit prendre avec de grandes précautions acheva de lui rendre sa connaissance. Pendant la traversée, qu'il supporta parfaitement, je me convainquis que sans le secours des Anglais nous étions condamnés à périr sur cette côte. A notre arrivée à Saint-Marc, M. Svettenham, qui en était le gouverneur, profondément touché de notre situation, nous fournit tous les moyens nécessaires au rétablissement de nos forces, que tant de souffrances avaient presque entièrement épuisées.

« Pendant le séjour que nous fîmes dans le fort, nous apprîmes par un chef de sauvages, qui vint apporter des lettres au commandant, que les matelots que nous avions été contraints d'abandonner derrière nous lors de notre départ avec Antonio, n'ayant pas vu revenir ce perfide sauvage, avaient massacré sa mère, sa sœur et son neveu; qu'ils s'étaient ensuite emparés de leurs armes et d'une petite pirogue dans laquelle cinq d'entre eux seulement avaient pu s'embarquer, et que les trois autres, que le sort avait désignés pour attendre dans l'île une fortune meilleure, avaient été tués de la main d'Antonio, qui vengea sur eux le massacre de sa famille.

« Je fus le premier qui se trouva en état de profiter des bienfaits du généreux commandant. Je montai sur une barque qui partait pour Saint-Augustin, où j'espérais trouver quelque bâtiment qui me reconduirait en France. Je me séparai de Mme Lacouture et de son fils, mais non sans répandre bien des larmes, ni sans nous promettre d'entretenir à jamais une amitié qui avait été notre unique consolation au milieu de tous les maux que nous avions soufferts.

« Mes adieux au commandant et à M. Wright ne furent pas moins touchants. Le premier me donna pour M. Grant, commandant de Saint-Augustin, une lettre de recommandation qui me valut de sa part un accueil très-flatteur.

« Mme Lacouture et son fils quittèrent peu de temps après le fort de Saint-Marc-des-Appalaches, et arrivèrent sans accident à la Louisiane, où ils purent enfin se consoler de leurs infortunes dans les bras d'une famille qui les combla des plus tendres marques d'intérêt. »

XXIII

Naufrage de la frégate française *la Méduse*, sur le banc d'Arguin, rivage d'Afrique, en 1816.

Cette relation si intéressante a été publiée par MM. A. Corréard et J.-B.-H. Savigny, tous deux témoins oculaires, et échappés, comme par miracle, avec un petit nombre de leurs compagnons. Nous ne pouvons qu'abréger un récit qui a fait verser tant de larmes à ses nombreux lecteurs.

Le 17 juin 1816, la frégate *la Méduse*, faisant partie de l'expédition destinée pour le Sénégal, et portant le gouverneur de cet établissement, partit de la rade de l'île d'Aix. Le 2 juillet, à midi, on prit hauteur; M. Naudet, enseigne de quart, assura qu'on était sur le bord du banc d'Arguin; un officier qui avait la confiance du capitaine lui répondit qu'il n'y avait pas sujet de s'alarmer. Cependant M. Naudet, convaincu de la justesse de son opinion, prit sur lui de faire sonder. Effectivement la sonde donna dix-huit brasses. Le capitaine, averti par l'officier de quart, hésita d'abord, puis ordonna de venir plus au vent et d'amener une partie des voiles; mais malheureusement il était trop tard. Une secousse avertit que la frégate a touché. Les officiers donnent leurs ordres d'une voix altérée : la consternation se peint sur tous les visages; on croit à tout moment que le bâtiment va s'entr'ouvrir; on travaille à le soulager. La mer était grosse et le courant très-fort : on avait employé beaucoup de temps sans rien faire d'utile, parce que la confusion, suite ordinaire des accidents de ce genre, régnait à bord. Pour surcroît de maux, l'obéissance n'était plus la même par le défaut de confiance dans les chefs.

La perte de la frégate devenue certaine, il fallait

assurer une retraite à l'équipage. Un conseil fut convoqué; le gouverneur du Sénégal dessina le plan d'un radeau susceptible, disait-on, de porter deux cents hommes avec des vivres. On fut obligé d'avoir recours à un moyen de cette nature, parce que les six embarcations ne pouvaient contenir quatre cents hommes qui étaient sur la frégate. Les vivres devaient être déposés sur le radeau, et aux heures des repas les équipages seraient venus y prendre leurs rations; on devait gagner les côtes du désert, et là, munis d'armes et de munitions de guerre, former une caravane et gagner l'île Saint-Louis. Les événements qui eurent lieu ensuite prouvèrent que ce plan était parfaitement conçu, et qu'il eût été couronné de succès : malheureusement il ne fut point exécuté.

Le 3 on s'occupa des préparatifs pour quitter la frégate, et l'on renouvela les efforts pour la dégager; mais l'on n'employa que des demi-mesures, et l'on ne réussit pas.

On voulait embarquer, sur le radeau et dans les canots, des provisions, du vin et des barriques d'eau; mais tout se fit avec tant de confusion, que ces objets essentiels furent mal répartis, et qu'une grande quantité fut laissée sur le pont de la frégate, ou jetée à la mer pendant le tumulte de l'évacuation. On avait fait le 4 une liste d'embarquement et assigné à chacun le poste qu'il devait occuper; on n'eut néanmoins aucun égard à cette sage disposition : chacun chercha les moyens qu'il crut les plus favorables pour gagner la terre.

Le grand canot reçut trente-cinq personnes; le canot-major, quarante-deux; celui du commandant, vingt-huit; un autre canot, vingt-cinq; la chaloupe, quatre-vingt-dix-huit; enfin la yole, la plus petite des embarcations, quinze; dix-sept hommes restèrent à bord de la frégate; plusieurs refusèrent de descendre dans la chaloupe.

Il devait y avoir soixante matelots sur le radeau, à peine en mit-on dix. Cent quarante-huit personnes furent confiées à cette frêle machine. La précipitation avec laquelle on l'avait construite empêcha d'y adapter des garde-fous. Elle avait à peu près trente pieds de long : solidement établie, elle eût pu supporter deux cents hommes; mais elle était sans voile et sans mâture. On y avait placé beaucoup de quarts de farine, cinq barriques de vin et deux pièces d'eau : on avait omis d'y mettre un seul morceau de biscuit.

A peine cinquante hommes furent sur le radeau, qu'il s'enfonça au moins de deux pieds. Pour faciliter l'embarquement des autres personnes, on fut obligé de jeter à la mer tous les quarts de farine. On continua pour lors à y embarquer tout le monde. « Enfin, disent MM. Corréard et Savigny, témoins de cette triste catastrophe, et qui eurent le malheur d'y jouer un rôle, il était impossible, tant nous étions serrés, de faire un pas sur le radeau : il s'était enfoncé au moins de trois pieds sur l'avant et sur l'arrière; on avait de l'eau jusqu'à la ceinture. Au moment où nous débarquions de la frégate, on nous jeta du bord à peu près vingt-cinq livres de biscuit dans un sac qui tomba à la mer. On l'en tira avec peine; il ne formait plus qu'une pâte : nous le conservâmes cependant dans cet état.

« Les embarcations de la frégate devaient toutes nous remorquer, et les officiers qui les commandaient avaient juré de ne pas nous abandonner : un enchaînement de circonstances les força de renoncer au plan généreux qu'ils avaient formé de nous sauver, ou de mourir avec nous.

« Le canot où était M. le gouverneur vint jeter la première remorque; les cris de *vive le roi* furent mille fois répétés par les hommes du radeau, et un petit pavillon fut arboré à l'extrémité d'un canon de fusil.

« Si tous les efforts réunis des embarcations eussent continuellement agi sur nous, favorisés comme nous l'étions par les vents du large, nous eussions pu gagner la terre en moins de trois jours; mais le lieutenant de la frégate, voyant que ses efforts devenaient inutiles, après nous avoir remorqués seul un instant, fit larguer l'amarre qui le tenait au radeau.

« Nous ne demeurâmes convaincus que nous étions

entièrement abandonnés que lorsque les embarcations furent presque hors de notre vue. La consternation fut extrême : tout ce qu'ont de terrible la soif et la faim se retraça à notre imagination, et nous avions de plus à combattre un élément formidable, qui déjà recouvrait la moitié de nos corps. Tous les marins et les soldats se livraient au désespoir : ce fut avec beaucoup de peine que nous parvînmes à les calmer.

« Nous nous étions embarqués sans avoir pris aucune nourriture; la faim commençait à se faire sentir impérieusement : un peu de biscuit mouillé, avec quelques gouttes de vin, forma notre premier repas, et ce fut le meilleur que nous fîmes sur notre radeau. Un ordre par numéro fut établi pour la distribution de nos misérables vivres : dès le premier jour le biscuit fut épuisé; la journée se passa assez tranquillement.

« Le soir, nos cœurs et nos vœux, par un sentiment naturel aux infortunés, se portèrent vers le Ciel; nous l'invoquâmes avec ferveur, et nous recueillîmes de nos prières l'avantage d'espérer en notre salut.

« Nous conservions toujours l'espoir que les chaloupes ne tarderaient pas à venir à notre secours; la nuit arriva sans que notre espérance fût remplie. Le vent fraîchit, la mer grossit considérablement; quelle nuit affreuse! Pendant cette nuit, un grand nombre de nos passagers, qui n'avaient pas le pied marin, tombaient les uns sur les autres. Enfin, après dix heures des souffrances les plus cruelles, le jour arriva. Quel spectacle s'offrit à nos regards! Dix à douze malheureux, ayant les jambes fortement engagées dans les séparations que laissaient entre elles les pièces du radeau, n'avaient pu se dégager et y avaient perdu la vie; plusieurs autres avaient été enlevés du radeau par la violence de la mer, en sorte qu'au matin nous étions déjà vingt de moins.

« Nous déplorâmes la perte de nos compagnons. L'espoir de revoir dans le courant de la journée les embarcations soutint notre courage; mais comme il fut trompé! Le désespoir s'ensuivit, et dès lors l'esprit de sédition se manifesta par des cris de fureur.

» La nuit survint, le ciel se couvrit de nuages épais; la mer fut encore plus terrible que la nuit précédente, et les hommes, dans l'impuissance de se tenir sur l'avant ou sur l'arrière, se réunissaient au centre, partie la plus solide du radeau : ceux qui ne purent gagner le milieu périrent presque tous. Le rapprochement des hommes y était tel, que quelques-uns furent étouffés par le poids de leurs camarades qui tombaient sur eux à chaque instant.

« Les soldats et les matelots, se regardant comme perdus, se mirent à boire jusqu'à perdre la raison. Dans cet état, ils portèrent le délire au point de manifester l'intention coupable de se défaire de leurs chefs, et de détruire le radeau en coupant les amarrages qui en unissaient les différentes parties. Un d'eux s'avança armé d'une hache pour exécuter ce dessein; il commençait déjà à frapper sur les liens : ce fut le signal de la révolte. Les officiers s'avancèrent pour retenir ces insensés; celui qui était armé de la hache, dont il osa les menacer, fut tué d'un coup de sabre. Beaucoup de sous-officiers et quelques passagers se réunirent à nous pour la conservation du radeau. Les révoltés tirèrent leurs sabres, et ceux qui n'en avaient point s'armèrent de couteaux. Nous nous mîmes en défense, et le combat allait commencer. Un des rebelles leva le fer sur un officier, il tomba à l'instant percé de coups. Cette fermeté parut imposer un moment aux séditieux; mais ils se serrèrent les uns contre les autres, et se retirèrent sur l'arrière pour exécuter leur plan. Un d'eux, feignant de se reposer, coupait déjà avec son couteau les amarrages. Avertis par un domestique, nous nous élançons sur lui; un soldat veut le défendre, menace un officier de son couteau, et en voulant le frapper n'atteint que son habit; l'officier se retourne, terrasse son adversaire, et le précipite dans la mer, ainsi que son camarade.

« Bientôt le combat devient général, et peu s'en faut qu'il ne soit funeste au capitaine Dupont, notre commandant, qui tombe sans connaissance. Il est saisi par les soldats, qui le jettent à la mer; nous nous en apercevons, et nous avons le bonheur de le sauver. Nous le déposons sur une barrique, d'où il est arraché par les séditieux, qui veulent lui crever les yeux avec un canif. Excités par tant de cruautés, nous ne gardons plus de ménagement, et nous les chargeons avec furie. Nous traversons le sabre à la main les lignes que forment les militaires, et plusieurs paient de leur vie un instant d'égarement. Les passagers nous secondent. Après un second choc, la furie des rebelles s'apaisa tout à coup et fit place à la plus insigne lâcheté; plusieurs se jetèrent à genoux, et nous demandèrent leur pardon, qui leur fut à l'instant accordé.

« Nous crûmes l'ordre rétabli, et nous vînmes à notre poste au centre du radeau. Il était à peu près minuit; nous conservâmes nos armes. Après une heure d'une apparente tranquillité, les soldats se soulevèrent de nouveau; leur esprit était entièrement aliéné; mais, comme ils jouissaient encore de leurs forces physiques, et que d'ailleurs ils étaient armés, il fallut de nouveau se mettre en défense. Ils nous attaquèrent, nous chargeâmes à notre tour, et bientôt le radeau fut jonché de leurs cadavres. Ceux de nos adversaires qui n'avaient point d'armes cherchaient à nous déchirer avec leurs dents : plusieurs de nous furent cruellement mordus. Nous n'étions pas plus de douze à quinze pour résister à tous ces furieux; mais notre union fit notre force.

« Le jour vint enfin éclairer cette scène d'horreur; un grand nombre de ces insensés s'étaient précipités à la mer. Au matin nous trouvâmes que soixante à soixante-cinq hommes avaient péri pendant la nuit; un quart s'étaient noyés de désespoir : nous n'avions perdu que deux des nôtres, et pas un seul officier.

« Un nouveau malheur nous fut révélé à la naissance du jour. Les rebelles, pendant le tumulte, avaient jeté à la mer deux barriques de vin et les deux seules pièces d'eau qu'il y eût sur le radeau. Il ne restait en tout qu'une seule pièce de vin : nous étions encore soixante-sept hommes. Il fallut se mettre à demi-ration. Ce fut un nouveau sujet de murmures au moment de la distribution. Les choses en vinrent au point que nous fûmes contraints de recourir à un moyen extrême pour soutenir notre malheureuse existence. Je frémis d'horreur en me voyant obligé de retracer celui que nous mîmes en usage. Grand Dieu! oserons-nous encore élever vers vous nos mains teintes du sang de nos semblables? Votre clémence infinie a déjà accordé à notre repentir le pardon d'un crime qui ne fut pas celui de notre volonté: la nécessité la plus impérieuse nous y poussa.

« Ceux que la mort avait épargnés dans la nuit désastreuse que je viens de décrire, se précipitèrent avidement sur les cadavres dont le radeau était couvert, les coupèrent par tranches, et quelques-uns les dévorèrent à l'instant. Cependant un grand nombre de nous refusèrent d'y toucher; mais à la fin, cédant à un besoin plus pressant que la voix de l'humanité, nous ne vîmes dans cet affreux repas qu'un moyen déplorable de conservation; néanmoins quelques-uns eurent assez de courage pour s'en abstenir, et on leur accorda une plus grande quantité de vin. Le jour suivant se passa encore sans qu'on vînt à notre secours, et nous prîmes quelques instants d'un repos interrompu par les rêves les plus cruels. Enfin le quatrième soleil depuis notre départ revint éclairer notre désastre, et nous montrer dix à douze de nos compagnons étendus sans vie sur le radeau. Nous donnâmes à leurs corps la mer pour sépulture, n'en réservant qu'un seul pour nous nourrir.

« Le soir, vers les quatre heures, un événement nous avait apporté quelque consolation. Un banc de poissons volants se jeta sur le radeau, et comme ses deux extrémités laissaient entre les pièces une infinité de vides, ces poissons s'y engagèrent en très-grande quantité. Nous nous précipitâmes sur cette proie, et nous prîmes plus de trois cents poissons. Notre premier mouvement fut d'adresser à Dieu de nouvelles actions de grâces pour ce bienfait inespéré. Une once de poudre à canon que nous avions fait sécher, quelques morceaux d'amadou, un briquet et des pierres à fusil, des morceaux de linge sec et les débris d'un tonneau nous procurèrent du feu.

Nous établîmes notre foyer sur les planches du radeau, recouvertes d'effets mouillés. On fit cuire les poissons, on en mangea avec avidité; mais nous y joignîmes de ces viandes sacriléges que la cuisson avait rendues supportables. La nuit fut belle, et nous aurait paru heureuse si elle n'eût pas été signalée par un nouveau massacre. Des Espagnols, des Italiens et des nègres, restés neutres dans la première révolte, et qui même s'étaient rangés de notre côté, formèrent le complot de nous jeter à la mer. Il fallut prendre les armes : l'embarras était de connaître les coupables; ils nous furent désignés par des matelots fidèles. Le premier signal du combat fut donné par un Espagnol, qui invoquait le nom de Dieu en brandissant un énorme coutelas. Les matelots le saisirent et le jetèrent à la mer. Les autres séditieux accoururent pour venger leur camarade; ils sont repoussés, et tout rentre dans l'ordre.

« Le jour nous éclaira pour la sixième fois. A l'heure du repas, je comptai notre monde : nous n'étions plus que trente. Nous avions perdu cinq de nos fidèles marins; ceux qui survivaient étaient dans l'état le plus déplorable, de sorte que vingt tout au plus d'entre nous étaient capables de se tenir debout et de marcher. Nous n'avions plus de vin que pour quatre jours, et il nous restait à peine une douzaine de poissons. « Dans quatre jours, disions-nous, nous manquerons de tout, et la mort sera inévitable! » Il y avait sept jours que nous étions abandonnés : nous calculions que, dans le cas où les chaloupes n'auraient pas échoué à la côte, il leur fallait au moins trois à quatre jours pour se rendre à Saint-Louis; il fallait ensuite le temps d'expédier les navires, et à ces navires celui de nous trouver. Il fut résolu que l'on tiendrait le plus longtemps possible. Dans le courant de la journée, des militaires s'étaient glissés derrière la seule barrique de vin qui nous restait; ils l'avaient percée et buvaient avec un chalumeau. Nous avions tous juré que celui qui emploierait de semblables moyens serait puni de mort : cette loi fut mise à l'instant à exécution, et les deux infracteurs furent jetés à la mer.

« Ainsi nous n'étions plus que vingt-huit ; sur ce nombre, quinze seulement paraissaient pouvoir exister encore quelques jours ; tous les autres, couverts de larges blessures, avaient entièrement perdu la raison ; cependant ils avaient part aux distributions, et pouvaient, avant leur mort, consommer quarante bouteilles de vin : ces quarante bouteilles de vin étaient pour nous d'un prix inestimable. On tint conseil : mettre les malades à la demi-ration, c'était avancer leur mort de quelques instants ; les laisser sans vivres, c'était la leur donner tout de suite. Après une longue délibération, on décida *qu'on les jetterait à la mer*. Ce moyen, quelque répugnant qu'il nous parût à nous-mêmes, procurait aux vivants six jours de vivres. La délibération prise, qui osera l'exécuter ! L'habitude de voir la mort près de fondre sur nous, le désespoir, la certitude de notre perte infaillible sans ce fatal expédient, tout, en un mot, avait endurci nos cœurs, devenus insensibles à tout autre sentiment qu'à celui de notre conservation. Trois matelots et un soldat se chargèrent de cette cruelle exécution. Nous détournâmes les yeux, et nous versâmes des larmes sur le sort de ces infortunés. Ce sacrifice sauva les quinze qui restaient.

« Après cette catastrophe nous jetâmes toutes les armes à la mer ; elles nous inspiraient une horreur dont nous n'étions pas maîtres. Nous avions à peine de quoi passer cinq journées sur le radeau ; ce furent les plus cruelles. Les caractères étaient aigris ; jusque dans le sommeil, nous nous représentions les membres déchirés de nos malheureux compagnons, et nous invoquions la mort à grands cris. Une soif ardente, redoublée par les rayons d'un soleil brûlant, nous dévorait ; elle fut telle, que nos lèvres desséchées s'abreuvaient avec avidité de l'urine, qu'on faisait refroidir dans de petits vases de fer-blanc. Nous cherchâmes aussi à nous désaltérer en buvant de l'eau de la mer : ce moyen ne diminuait la soif que pour la rendre plus vive le moment d'après.

« Trois jours se passèrent ainsi dans des angoisses inexprimables ; nous méprisions tellement la vie, que plusieurs d'entre nous ne craignirent pas de se baigner à la vue des requins qui entouraient notre radeau. Nous étions convaincus qu'il ne restait dans notre barrique que douze à quinze bouteilles de vin : nous commencions à éprouver un dégoût invincible pour les chairs qui nous avaient nourris jusque-là.

« Le 17 juillet au matin, le capitaine Dupont, jetant les regards sur l'horizon, aperçut un navire, et nous l'annonça par un cri de joie ; nous reconnûmes que c'était un brick, mais il était à une très-grande distance : nous ne pouvions distinguer que les extrémités de ses mâts. La vue de ce bâtiment répandit parmi nous une joie difficile à dépeindre. Cependant des craintes vinrent se mêler à nos espérances ; nous commencions à nous apercevoir que, notre radeau ayant fort peu d'élévation au-dessus de l'eau, il était impossible de le distinguer d'aussi loin. Nous fîmes alors notre possible pour être remarqués. Nous dressâmes des cercles de barriques aux extrémités desquels nous fixâmes des mouchoirs de différentes couleurs. Malheureusement, malgré tous ces signaux, le brick disparut. Du délire de la joie nous passâmes à celui de l'abattement et de la douleur. Deux heures après, le maître canonnier de la frégate poussa un grand cri ; la joie était peinte sur son visage ; ses bras étaient tendus vers la mer ; il respirait à peine, et ne put prononcer que ces mots : *Nous sommes sauvés, voici le brick qui est sur nous !* Et ce bâtiment était, en effet, tout au plus à un tiers de lieue, ayant toutes ses voiles dehors et gouvernant à venir nous passer extrêmement près ; des larmes d'attendrissement coulaient de tous les yeux ; chacun se saisit de mouchoirs ou de différentes pièces de linge pour faire des signaux au brick, qui s'approchait rapidement. Notre joie fut au comble lorsque nous aperçûmes au haut de son mât de misaine un grand pavillon blanc ; nous nous écriâmes : « C'est donc à des Français que nous allons devoir notre salut ! »

« Le bâtiment n'était déjà plus qu'à deux portées de fusil ; l'équipage, rangé sur le bastingage (haut du gaillard d'arrière), nous annonçait, en agitant les mains et les chapeaux, le plaisir qu'il ressentait de venir au secours de ses malheureux compatriotes. En peu de temps nous fûmes tous à bord de l'*Argus*. Qu'on se figure quinze infortunés presque nus, le corps et le visage flétris de coups de soleil. Dix de ces quinze pouvaient à peine se mouvoir; l'épiderme de tous leurs membres était enlevé; nos yeux caves et presque farouches, nos longues barbes nous donnaient encore un air plus hideux.

« Nous trouvâmes à bord de l'*Argus* de fort bons bouillons qu'on avait préparés dès qu'on nous avait aperçus; on y mêla d'excellent vin: on releva ainsi nos forces près de s'éteindre. On nous prodigua les soins les plus attentifs et les plus généreux; nos blessures furent pansées, et le lendemain, plusieurs des plus malades purent se soulever et faire quelques pas.

« L'*Argus* nous cherchait depuis quelques jours, et avait en quelque sorte renoncé à l'espoir de nous rencontrer. Des quinze personnes sauvées par ce navire, six moururent peu de jours après leur arrivée à Saint-Louis, où notre réception fut des plus touchantes. Il n'y eut pas un seul Français ni un Anglais qui ne versât des larmes d'attendrissement en nous voyant. »

Examinons maintenant quelles furent les manœuvres des embarcations lorsque les remorques eurent été larguées, et que le radeau fut abandonné à lui-même.

Le canot-major et celui du commandant arrivèrent au Sénégal sans accident, le 9 au soir, après avoir eu beaucoup à souffrir pour résister à une grosse mer et à un vent impétueux. On se rendit à bord de l'*Écho*, qui depuis plusieurs jours était mouillé sur la rade du Sénégal. Un conseil fut tenu; on fit choix des moyens les plus prompts et les plus sûrs pour donner des secours aux naufragés abandonnés dans les embarcations et sur le radeau. L'*Argus* fut désigné pour cette mission; son capitaine exécuta avec une rare activité les ordres qu'il avait reçus.

La chaloupe, qui avait la dernière quitté la *Méduse*, eut connaissance de la terre et des îles d'Arguin le soir, avant le coucher du soleil; elle vira aussitôt de bord;

parce qu'elle était sur des hauts-fonds et qu'elle avait déjà touché. La mer fut très-houleuse pendant la nuit. Le 6, vers quatre heures, la mer se calma un peu; presque tout le monde demanda à gagner la terre; on s'en approcha; soixante hommes se jetèrent à l'eau et parvinrent au rivage, qui n'était qu'un sable aride et brûlant. Une heure après ce débarquement, on aperçut à l'arrière quatre embarcations : l'officier, malgré les cris de son équipage, baissa les voiles et mit en travers pour les attendre. Quand elles furent à la portée de la voix, elles se tinrent à distance; elles se défiaient de l'équipage et de la chaloupe, et pensaient que l'on s'était caché sous les bancs pour s'élancer ensuite sur eux; ils s'éloignèrent. Une heure après, la mer devint très-grosse. La yole, agitée, ne put tenir; elle arriva vers la chaloupe, celle-ci coulait bas. On sauva tout le monde; on fit route vers le sud. Le 8, un des canots la rejoignit; les matelots exigèrent qu'on les débarquât; bientôt ceux de la chaloupe en firent autant; les deux embarcations furent portées à la côte par le courant; tous les passagers se sauvèrent à la nage; ils étaient horriblement tourmentés par la soif. Bientôt une troisième embarcation vint aussi à échouer.

On se met en route le long du rivage, on creuse des trous dans le sable; ils s'emplissent d'une eau bourbeuse, mais douce. Le 9, en entrant dans les terres, on rencontre des tentes; des Mauresses vendent du lait et deux chèvres. Le soir, les Maures et les nègres offrent aux naufragés de les conduire au Sénégal. Le 10, on aperçoit une voile qui s'avance vers le rivage : c'était l'*Argus;* il envoie de l'eau et des vivres. Le 11, les naufragés voient venir à eux un capitaine marchand irlandais et trois marabouts ou prêtres du pays; des chameaux chargés de vivres les accompagnaient. Le 12, ils arrivèrent sur les bords du Sénégal; par bonheur, on était dans la saison où l'eau de ce fleuve est douce dans cet endroit : on put se désaltérer à souhait. Bientôt des embarcations paraissent, et, après une courte navigation, tous ces infortunés abordent à Saint-Louis. Dans cette troupe était un père de famille avec sa femme, trois grandes demoiselles et quatre petits enfants, dont un à la mamelle. On avait loué à un prix exorbitant des ânes pour les porter.

Les soixante-trois hommes débarqués près d'Arguin eurent plus de fatigues à supporter : ils avaient près de quatre-vingt-dix lieues à faire dans l'immense désert du Sahara; il leur fallut d'abord franchir des dunes très-hautes pour gagner la plaine; ils eurent le bonheur d'y découvrir un vaste étang d'eau douce, où ils se désaltérèrent, et près duquel ils se livrèrent au repos. Ayant rencontré des Maures, ils les prirent pour guides, et, après de longues marches et les privations les plus cruelles, ils arrivèrent au Sénégal le 23 juillet. Quelques-uns périrent de misère. Plusieurs personnes, s'étant écartées de la troupe, furent prises par les naturels du pays et emmenées dans le camp des Maures. Il y en eut qui errèrent de peuplade en peuplade; ils furent ensuite amenés au Sénégal.

Le 26 juillet, une goëlette fut expédiée pour aller chercher les hommes restés sur la *Méduse*, et tâcher de retrouver des vivres, divers effets, et l'argent qui avait été chargé. Des vents contraires et divers accidents firent relâcher deux fois la goëlette au Sénégal; enfin elle put rejoindre la *Méduse* cinquante-deux jours après l'abandon. Quel fut l'étonnement de l'équipage de retrouver encore à bord de la frégate trois infortunés à la veille d'expirer! Ils racontèrent que, lorsque les embarcations se furent éloignées, ils cherchèrent à se procurer des moyens de subsistance jusqu'à ce qu'on vînt à leur secours, et parvinrent à découvrir assez de biscuit, de vin, d'eau-de-vie, de lard, pour exister un certain temps. Tant que les vivres durèrent, le calme régna parmi eux; mais quarante-deux jours s'écoulèrent sans qu'ils vissent paraître les secours qu'on leur avait promis. Alors douze des plus décidés, se voyant à la veille de manquer de tout, construisirent un radeau, s'y embarquèrent, et dirigèrent leur route sur terre. Il est très-probable qu'ils ont été victimes de leur témérité, et sont devenus la proie des monstres marins, car des Maures trouvèrent sur la côte du Sahara les restes du radeau. Un matelot qui avait refusé de s'embarquer sur cette frêle machine voulut quelques jours après gagner aussi la terre; il se mit sur une cage à poule; mais, à une demi-encablure de la frégate, il fut submergé.

Les quatre hommes restés à bord de la *Méduse* virent mourir l'un d'eux, et jetèrent son corps à la mer. Quand la goélette arriva, ils étaient extrêmement affaiblis; deux jours plus tard, il n'eût plus été temps de les sauver. Ces malheureux occupaient chacun un endroit séparé, et n'en sortaient que pour aller chercher des vivres, qui dans les derniers jours ne consistaient qu'en un peu d'eau-de-vie, du suif et du lard salé : quand ils se rencontraient, ils couraient les uns sur les autres, et se menaçaient de coups de couteau. Tant que le vin avait duré avec les autres provisions, ils s'étaient parfaitement soutenus; mais, dès qu'ils furent réduits à l'eau-de-vie pour boisson, ils s'affaiblirent de jour en jour. On prodigua à ces hommes les soins qu'exigeait leur état, et tous trois revinrent en pleine santé.

Le capitaine dont l'impéritie avait causé la perte de la *Méduse*, observent les historiens de ce naufrage, et qui avait été un des premiers à abandonner un bâtiment et un équipage dont le roi lui avait confié la conservation, fut, à son retour en France, traduit devant un conseil de guerre, qui le déclara déchu de son grade et incapable de servir l'État.

XXIV

Naufragé sauvé par son chien.

Nous croyons pouvoir rapporter dans notre ouvrage l'exemple extraordinaire de l'attachement et de l'intelligence d'un chien sans lequel son maître aurait péri à la suite d'un naufrage. Nous le puisons dans l'intéressant et utile *Journal des voyages, ou Archives géographiques*. Ce trait est raconté par un des témoins du rapport fait aux autorités de la côte.

Vers la fin du mois de novembre 1818, un navire anglais parti du port de Liverpool se dirigeait vers les États-Unis, chargé de deux cent soixante-dix passagers. Pendant trois jours consécutifs, le plus beau temps sembla favoriser sa course; mais bientôt le ciel se couvre de nuages, les éclairs brillent, le tonnerre gronde, et tous les éléments se réunissent pour former la plus horrible tempête. L'équipage entier n'attend plus qu'une mort certaine; il adresse à Dieu ses dernières prières. Enfin le moment fatal arrive : vers les onze heures du soir, le navire est poussé contre une côte de Bretagne hérissée de rochers; il s'y brise avec un bruit affreux; les malheureux passagers sont engloutis dans les flots; la plupart des matelots luttent en vain contre la fureur des vagues. Quelques-uns cependant, après de pénibles efforts, parviennent à gagner le rivage. Mais les habitants inhospitaliers et barbares de cette côte donnent la mort aux naufragés pour piller leurs effets.

Le capitaine du vaisseau, qui se trouvait du petit nombre de ceux que la mort avait épargnés, avait été poussé assez loin du lieu où le bâtiment venait d'échouer. Jeté d'une manière miraculeuse sur un rocher plat, son premier mouvement fut de rendre grâces à Dieu, qui l'avait préservé de la mort. Mais la marée approchait de plus en plus et menaçait bientôt de l'engloutir. Après avoir de nouveau imploré l'assistance du Ciel, cet infortuné est soudain inspiré ; il recourt au seul ami qui l'ait suivi ; et cet ami, c'était son chien. En lui montrant le rivage, il lui met une clef dans la gueule : ce fidèle animal s'élance dans les flots, et par des efforts multipliés parvient, malgré l'obscurité et le choc des vagues, à gagner la plage. Là par ses hurlements il appelle au secours de son maître. La tempête s'étant un peu apaisée, et l'horizon commençant à s'éclaircir, le chien intelligent, guidé par quelques faibles rayons de la lune, se dirige vers une métairie qu'il aperçoit de loin, et se met à hurler de nouveau. Le maître de la ferme, prenant ces hurlements pour ceux d'un loup, sort armé d'un fusil ; mais quel est son étonnement à la vue d'un chien qui le regarde avec des yeux suppliants, et qui semble implorer son aide ! La clef qu'il découvre confirme ce brave homme dans l'opinion que quelque naufragé implore, réclame l'appui d'un être compatissant. Il éveille son valet et l'emmène avec lui, conduit par le chien qui les précède. Arrivé au lieu du naufrage, cet excellent animal se met à caresser nos deux paysans, en leur indiquant de l'œil son malheureux maître, qui répond par des cris de désespoir aux hurlements inquiets de son fidèle compagnon. Ces bons paysans réfléchissent aux moyens de sauver le capitaine, lorsque le chien, s'emparant d'un câblot, ou menue corde, qu'ils avaient apporté, se met à le tirer vers la mer. Frappés de cette action, qui devient pour eux un trait de lumière, ils lâchent le câblot, qu'ils retiennent par l'autre extrémité. Le chien aussitôt s'élance dans les flots, où vingt fois il est sur le point d'être englouti. La voix suppliante de son maître lui donne de nouvelles forces et le fait triompher de tous les obstacles ; il aborde enfin sur le rocher, et témoigne à celui auquel il est si tendrement attaché toute la joie qu'il éprouve à le voir. Mais il n'y avait pas un seul instant à perdre, la marée allait le submerger. Le capitaine saisit le câblot, s'y lie fortement, et fait signe aux paysans de tirer à eux; il se précipite dans la mer, suivi de l'intrépide animal qui lui sauvait la vie. Meurtris et expirants de fatigue, le capitaine et son chien arrivèrent enfin au rivage. Nos deux paysans les transportent à la ferme, et là ils prodiguent à leur hôte et à son intéressant compagnon tous les soins dont l'un et l'autre ont un si pressant besoin.

FIN

TABLE

I. — Naufrage d'Emmanuel Sosa et d'Éléonore Garcie Sala, son épouse, de ses enfants, de plusieurs membres de sa famille, et d'une suite nombreuse, sur les côtes orientales d'Afrique, en 1553. —Autre naufrage, l'année suivante : le vaisseau *le Saint-Benoît*. 7

II. — Situation déplorable du vaisseau français *le Jacques*, à son retour du Brésil en France, causée par une famine extraordinaire et le mauvais état de ce vaisseau, en 1558. 15

III. — Le vaisseau portugais *le Saint-Jacques*, monté par l'amiral Fernando Mendoza, se brise sur les écueils appelés le *Baixos de Juida*, à soixante-dix lieues des côtes orientales de l'Afrique, en 1586. 25

IV. — Naufrage du navire anglais *l'Ascension*, sur la côte de Cambaye, dans la mer des Indes 29

V. — Incendie du vaisseau hollandais *la Nouvelle-Hoorn*, près du détroit de la Sonde, dans la mer des Indes orientales, et aventures de Bentékoé, en 1619. 32

VI. — Naufrage du vaisseau hollandais *le Perow* (*l'Épervier*), sur les côtes de l'île de Quelpaert, mer de Corée, en 1653. . . . 53

VII. — Naufrage du vaisseau hollandais *le Batavia*, commandé par François Chelsart, près des côtes de la Concorde, dans la Nouvelle-Hollande, en 1630. 61

VIII. — Naufrage de la chaloupe du vaisseau français *le Taureau*, dans une baie du cap Vert, sur la côte occidentale d'Afrique, en 1665. 68

IX. — Naufrage du vaisseau hollandais *le Laosdun*, à l'embouchure du Gange, en 1672, et aventures de Lestra, navigateur français. 73

X. — Relation du naufrage d'une frégate espagnole sur les côtes de la Nouvelle-Espagne, entre l'île Del Cagno et le port de Caldera, mer du Sud, en 1678. 75

XI. — Naufrage de *Doccum Chamnan*, mandarin siamois, au cap des *Aiguilles*, à l'extrémité méridionale de l'Afrique, en 1686. . 82

XII. — Naufrage d'une patache portugaise sur un banc de sable, vis-à-vis des îles *Calamianes*, mer des Indes, en 1688. . . 96

XIII. — Perte du vaisseau anglais de la compagnie des Indes *le Degrave*, sur la côte de Madagascar, en 1701, et aventures de Robert Dury. 100

XIV. — Naufrage de la comtesse de Bourk sur les côtes de Gigeri, dans le royaume d'Alger, et aventures de Mlle de Bourk, sa fille, en 1719 109

XV. — Relation, par Jean Dean, du naufrage du *Sussex*, vaisseau de la compagnie des Indes, près de la côte de Madagascar, en 1738. 122

XVI. — Relation du naufrage et incendie du vaisseau français *le Prince*, de la compagnie des Indes, allant du port de Lorient à Pondichéry, en 1752. 128

XVII. — Naufrage d'un vaisseau de la compagnie des Indes hollandaises sur la rade du cap de Bonne-Espérance, en 1773. — Action héroïque de Woltemad. 137

XVIII. — Naufrage du vaisseau anglais *l'Union*, sur un banc de sable de l'île de Ré, en 1775. 140

XIX. — Naufrage du vaisseau français *le Duras*, dans la mer des Indes, près des îles Maldives, en 1777 143

XX. — Relation du naufrage de M. Saugnier, longtemps esclave des Maures et de l'empereur du Maroc, année 1784. 147

XXI. — Naufrage et captivité de M. de Brisson, officier de l'administration des colonies françaises, en 1785, sur les côtes d'Afrique. 150

XXII. — Aventures remarquables de Pierre Viaud. 154

XXIII. — Naufrage de la frégate française *la Méduse*, sur le banc d'Arguin, rivage d'Afrique, en 1816. 174

XXIV. — Naufragé sauvé par son chien. 188

6908. — Tours, impr. Mame.

BIBLIOTHÈQUE DE LA JEUNESSE CHRÉTIENNE

FORMAT IN-8° — 3e SÉRIE

Aden et le golfe d'Aden, lettres du R. P. Exupère de Prats-de-Mollo.
Ami de la jeunesse (l'), par M. Vattier.
Ange de la famille (l'), ou Journal de Marthe Lambert, par Alexandrine Desves.
Anne de Bretagne, reine de France (histoire d'), par J.-J.-E. Roy.
Anthony, ou le Crucifix d'argent, par H. de Beugnon.
Aventures de mer, par L. G***.
Aventures d'un capitaine français, planteur au Texas, par Just Girard.
Aventures d'une cassette (les), par Théophile Ménard.
Beautés ou Spectacle de la nature, ou Entretiens sur l'histoire naturelle des animaux et des plantes; ouvrage mis au niveau des connaissances actuelles, par L.-F. Jéhan.
Berthe, par Mme Boieldieu-d'Auvigny.
Bertrand du Guesclin (histoire de), par Guyard de Berville.
Blanche de Marsilly, épisode de la Révolution, par M. Albert Richard.
Bohémiens au XVe siècle (les), par Henri Guenot.
Bon Esprit (le), par Maurice Leprevost.
Bougainville, par J.-J.-E. Roy.
Camille, par Mme de Montanclos.
Capitaine Rougemont (le), par Théophile Ménard.
Cassilda, ou la Princesse Maure de Tolède, d'après une légende espagnole, par M. l'abbé G. A. L.
Causeries en famille, ou Conseils d'une mère, par Louise Lambert.
Cent Merveilles des sciences et des arts (les), par M. de Marlès.
Claire de Rives, par Mme Vattier.
Cloches du village (les), par Guenot.
Curé d'Auvrigny (le), par Just Girard.
Deux Caractères (les), ou Avarice et générosité, par A. de Labadye.
Duguay-Trouin, par Frédéric Kœnig.
Empire du Brésil (l'), par J.-J.-E. Roy.
Enfant de troupe (l'), par Just Girard.
Épisodes du temps de la Commune de Paris en 1871.
Études de la nature, par Bernardin de Saint-Pierre. Extraits à l'usage de la jeunesse.
Excursion d'un touriste au Mexique, publiée par Just Girard.
Fille du pêcheur (la), par Mme Valentine Vattier.
Florence Villiers, traduit de l'anglais par le baron R. de St-Julien.
Grenadier de la République (le), Épisode de la Révolution, par C. Guenot.
Hunyad, ou la Hongrie au XVe siècle, par M. l'abbé C. Guenot.
Jean Bart, par Frédéric Kœnig.
Jeanne de Bellemare, ou l'Orpheline de Vernand, par Stéphanie Ory.
Jeune Pensionnaire (la), correspondance entre une mère et sa fille.
Jeunesse de Michel-Ange (la), par Frédéric Kœnig.
La Tour d'Auvergne, dit le premier grenadier de France, par F. Kœnig.
Léonard de Vinci, par F. Kœnig.
Lucia Ligoni, épisode du règne de l'empereur Frédéric II, par Tolney.
Maîtresse de maison (la), par Mlle Ulliac Trémadeure.
Marcelle, histoire vraie, par M. Camille d'Arvor.
Marguerite d'Anjou (histoire de), par J.-J.-E. Roy.
Meilleure Part (la), scènes de la vie réelle, par Mme Valentine Vattier.
Naufrages célèbres (les).
Raphaël, par Frédéric Kœnig.
Récits légendaires, par A. des Essarts.
Richard, ou le Dévouement à la famille des Stuarts, par A.-C. Leclerc.
Robert Bruce, roi d'Écosse (histoire de), par Mme Alice Salquet.
Rose Fermont, ou Un cœur reconnaissant, par Mme Vattier.
Salle des Martyrs (la), par le P. Perny.
Secret de la bisaïeule (le), par Mlle Louise Doaré.
Séphora, ou Rome et Jérusalem, par A. Lemercier.
Soirées d'Écouen, recueillies et publiées par Stéphanie Ory.
Souvenirs et Récits d'un ancien missionnaire, par J.-J.-E. Roy.
Tourville, ou la Marine française sous Louis XIV, par Frédéric Kœnig.
Un Français en Chine, par J.-J.-E. Roy.
Un Martyr en Corée, vie de M. Pellimontis, par M. l'abbé Renard.
Voyage au mont Sinaï, par L. de Tesson.
Voyage dans l'Inde anglaise, par J.-J.-E. Roy.
Voyages et Aventures du capitaine Cook, par Henri Lebrun.
Walter Killanor, scènes maritimes, par Henri Guenot.

Tours. — Impr. Mame.

www.ingramcontent.com/pod-product-compliance
Ingram Content Group UK Ltd.
Pitfield, Milton Keynes, MK11 3LW, UK
UKHW022018170726
13837UKWH00001B/270

9 782329 273723